壹卷
YE BOOK

洞 见 人 和 时 代

The Unknown War

North China 1937-1945

华北

1937—1945

八路军
抗日根据地
见闻录

Michael Lindsay

〔英〕林迈可 著　杨重光　郝平 译

四川人民出版社　河北人民出版社

图书在版编目（ＣＩＰ）数据

华北：1937—1945 /（英）林迈可著；杨重光，郝
平译. -- 成都：四川人民出版社；石家庄：河北人民
出版社，2025.1
　ISBN 978-7-220-13564-4

Ⅰ.①华…　Ⅱ.①林…　②杨…　③郝…　Ⅲ.①抗日战
争—史料—华北地区—1937-1945　Ⅳ.①K265.06

中国国家版本馆CIP数据核字（2023）第248466号

The Unknown War: North China 1937-1945 by Michael Lindsay
© Michael Lindsay 1975
Simplified Chinese edition copyright © 2025 Sichuan People's
Publishing House Co., Ltd.
All rights reserved.

四川省版权局著作权合同登记号：图［进］字21-24-209

HUABEI: 1937—1945

华北：1937—1945

［英］林迈可/著　　杨重光　郝　平/译

出 版 人	黄立新
策划统筹	封　龙
责任编辑	封　龙　李如一
版式设计	张迪茗
封面设计	周伟伟
责任印制	周　奇
出版发行	四川人民出版社（成都市三色路238号）
网　　址	http://www.scpph.com
E-mail	scrmcbs@sina.com
新浪微博	@四川人民出版社
微信公众号	四川人民出版社
发行部业务电话	（028）86361653　86361656
防盗版举报电话	（028）86361661
照　　排	四川胜翔数码印务设计有限公司
印　　刷	成都东江印务有限公司
成品尺寸	145mm×210mm
印　　张	7.125
字　　数	140千
版　　次	2025年1月第1版
印　　次	2025年1月第1次印刷
书　　号	ISBN 978-7-220-13564-4
定　　价	72.00元

再版序言

1987年，在中国抗日战争全面爆发50周年之际，国际文化出版公司出版了由杨重光和笔者翻译的《八路军抗日根据地见闻录》一书，一转眼已经过去了35年。

1985年的一天，我的同学、当时的北大马列主义教研室教师杨重光告诉我，时任教研室领导的戴新民先生要他再找一位同事，一起参与接待她在延安时期的老朋友林迈可先生和他的太太李效黎女士。戴新民是一位有着传奇故事的延安老干部，经常在31楼学生宿舍与同学们同吃同住，受到师生们的爱戴与尊敬，我们对她的安排欣然从命。

1954年，林迈可和李效黎夫妇曾随英国工党代表团访华并受到周恩来总理的会见，周总理还把会见时的照片签名送给他们留念，体现了老朋友之间的一种特殊的感情。林迈可先生回英国不久受聘乔治·华盛顿大学经济学教授职位，因众所周知的原因，中断了与中国的联系。他们这次到访与上次已时隔三十年之久。

在北京大学临湖轩，我们接待了林迈可、李效黎夫妇。林迈可先生身材魁梧、声如洪钟，李效黎女士性格开朗、热情直爽，都给我们留下了深刻印象。这里曾经是燕京大学司徒雷登校长的官邸，对林迈可、李效黎夫妇也有着特殊意义：他们的结婚仪式就是在这里举行的，司徒雷登校长亲自为他们主婚。他们熟悉这里的一草一木，我们在接待中能够感觉到他们那种故地重游、感慨万千的心境。

林迈可先生毕业于牛津大学，1937年受司徒雷登校长聘任，来到燕京大学任教。在卢沟桥事变之后，北京大学与清华大学举校南迁，与南开大学一起在云南昆明建立西南联大。而燕京大学因是美国人创办的教会大学，在日美尚未开战之时，学校还能勉强运转。但在燕园里，共产党领导的地下抗日活动却从未停止过，进步学生也源源不断地奔赴太行山抗日革命根据地，这使燕大早已成为日本侵略军的眼中钉。

林迈可先生同情和支持中国人民抗击日本侵略者的正义事业，他多次利用假期或闲暇时间，深入华北抗日游击区，目睹了共产党领导的抗日斗争。他多次向我们回忆起，他如何利用英国人身份的便利，借用司徒雷登校长的汽车或开着摩托车，避开日本宪兵队的盘查，护送地下共产党员出入北平城，如何为八路军根据地秘密购买和运输药品。

1941年12月7日，日本侵略军偷袭珍珠港，次日太平洋战争爆发。日本宪兵队包围了燕京大学，抓捕了司徒雷登及一批教师，其中也包括向八路军根据地输送学生的侯仁之先生。林迈可和李效黎夫妇则成功地逃脱了日本侵略军的抓捕，在共产

党的帮助下进入了抗日民主根据地。他们在晋察冀和延安参加
抗日工作，特别是在无线电方面做出了奠基性成就。这期间，
他们的两个孩子在八路军根据地出生，当地老百姓给予了他们
无微不至的关怀，直到1945年日本投降，第二次世界大战结束，
他们才返回英国。

林迈可和李效黎夫妇那次来到北京，最主要的目的就是希
望把林迈可先生的《八路军抗日根据地见闻录》一书翻译成中
文出版。林迈可先生说，他自己是从日本侵略者抓捕的魔爪下
逃脱的，是几个为数不多的到八路军根据地工作的"非国际共
产主义战士"，亲眼见证了中国共产党领导的八路军与日本侵略
者进行艰苦卓绝斗争的情景，这一本书真实地记录了这一段历
史。林迈可先生说："对于华北八路军抗日战争的事情，我们是
百分之百地有权来证实的。"

在北京的几天里，林迈可、李效黎夫妇所谈论的主要话题，
都与出版这本书有关。戴新民老师就将这个翻译的任务交给了
杨重光和笔者，并联络国际文化出版公司出版发行。出版书的
事情确定之后，林迈可、李效黎夫妇的心情放松了很多，我们
也开始安排他们夫妇的参观访问和旅游事宜。当时林迈可先生
已75岁高龄，他说这也可能是他最后一次访问北京，他最想去
的地方是他们生活过的晋察冀八路军根据地，于是我们抓紧帮
助他们联系。

其间杨重光和我在戴新民老师的带领下，陪同他们夫妇游
览了慕田峪长城。那时慕田峪长城还没有索道缆车，杨重光和

我硬是把他"架"上了长城，彼此成了忘年交。遗憾的是，因林迈可先生身体不适，晋察冀根据地的访问没能成行，他们带着一些遗憾结束了这次中国之旅。

李效黎女士非常关心该书的翻译出版工作，后来又回到中国，在翻译方面给予了我们许多帮助与指导。

1991年5月，我在朋友孟庆骏先生的陪同下，从弗吉尼亚州府里士满驱车前往乔治·华盛顿大学看望林迈可和李效黎夫妇，他们得知我去看望他们的消息后，特别地高兴，一直在家里等候。由于我们对路途不熟悉，赶到他们家时已经很晚了。那天晚上我们聊得很开心，直到夜深人静。两位老人依依不舍地把我们送出院门，他们一直站在大门口目送我们，久久没有离去。

林迈可先生于1994年去世，享年84岁。李效黎女士于2010年去世，享年94岁。戴新民先生于1990年去世，享年78岁。《八路军抗日根据地见闻录》一书将更名为《华北：1937—1945》，由四川人民出版社和河北人民出版社联合再版，也是对林迈可和李效黎夫妇这一对国际反法西斯战士、对戴新民先生这位受师生爱戴的"延安老干部"最好的纪念。

郝平

2022年1月17日于北京大学燕园

原版序言

中国国际文化出版公司愿意出版我的英文画册《抗战的中共》的中文版，我得到这个消息觉得非常欣慰。因为1937年到1945年，中国共产党领导的八路军在华北敌后进行抗日游击战争，世界上很多地方几乎很少有人知悉。近几年来，我和我妻子在美国、加拿大、新西兰等地遇到了很多华侨和华裔，他们都很急切地向我们询问这样的问题："中国共产党在抗日战争中真的抵抗过日本侵略军吗？"尤其在美国，近年来从台湾来的中国人很多，他们更迫切地要我们证实：中国共产党是否确实参加了抗日战争？有些学生甚至很坦白地说，他们在台湾听到的是中共在抗日时期"按兵不动，坐享扩大军队和地盘，进而准备控制全中国"。有的学生对台湾的这种说法有疑问，需要从我们口中听到实情。

对于华北八路军抗日的事情，我们是百分之百地有权来证实的。我自己可能是以外国非共产党员的身份参加共产党领导的抗日工作的很少几个人之一。我因偶然的机会第一次目睹了他们与强大的侵略者进行艰苦卓绝斗争的情景。中国共产党在极其困难的物质条件下打击日本侵略者，他们领导的军队连最基本的给养、武器都没有，而国民政府和他们在山西的掌权者阎锡山却不予以帮助。

物资缺乏不能动摇中国人民坚决把日本侵略者赶出中国的信念。中国共产党的抗日政策和军事行动都极合乎民心，他们将人民组织起来，同人民共患难。部队是由游击区老百姓的青年子弟兵顶大梁，青年妇女也投入了各种合适的工作，有的参加妇女救国会工作，有的在家负担起生产粮食的重任，年老的在家看孩子，给部队做布鞋，护理受伤的八路军战士，真是军民一条心。我从我的工作接触中体验到，中共的领导者们在任何场合下，他们的实践和作风都是第一流的。

在我这本以照片来反映抗日战争的历史史实的画册中，也记述了我和我的妻子及孩子们和八路军一起生活的情况。每次面对日本侵略者的残酷扫荡，都是由于八路军担任警卫才使我们安全脱险，而每一次都受到当地老百姓的关心和帮助。

这本画册没有详细记述八路军在战场上对侵华日军作战的情况，这是因为当时我没有直接参加在战场上对日作战。而这些在聂荣臻元帅和杨成武将军的回忆录中，在其他中共领导人的回忆录中，已经有了很丰富的记述，有兴趣的读者可以参阅。

林迈可

1986年12月于北京大学

目录

华北：
1937—1945

绪 言

　　一些作家曾经提出，毛泽东主席对他在延安度过的时代有一种很深的怀旧感。这种情绪不能认为是不合情理的。因为在那个时代，中国共产党人成绩卓著，它真正可以被称作中国共产主义的英雄时代。1937年他们开始管辖一个大约有100万人口的地区，拥有一支大约3万人的军队。到1945年日本投降时，他们已管辖着一个几乎有1亿人口的地区，拥有一支90万人的军队。

　　关于延安和它周围的城乡——陕甘宁边区——已经有过大量报道，而有时人们在谈论对日作战期间共产党管辖的区域时仍然提为中国"西北"地区。若陕甘宁可以被称作西北的话，则战争期间共产党领导的力量全都是向东方和南方扩展的。到1938年夏天，他们已经拥有几块比陕甘宁边区有更多人口的根据地。1945年春天，我试图估算共产党管辖的区域按人口计中心在何处，并估出它大体是在冀南或鲁西，在延安东南偏东大约500英里①的地方。除去传统上称为东北的辽宁、吉林、黑龙江三省，

---

① 约804.7公里。

延安宝塔山（1944年）

把共产党管辖的这些地区称作中国的东北部似乎更正确些。

延安地区是重要的，因为日本人①从来没有侵入过黄河以西的地方。自从战争开始，除了1938年初延安老城遭受过轰炸外，陕甘宁边区未曾受到过破坏，而共产党领导的其他地区却经常

① 为行文方便，本书中的"日本人"均借指从事侵略中国的"侵华日军" "日本侵略者"。——译注

处于战争之中，并且他们的城镇和乡村有很大一部分被日本人严重破坏。诚然，延安是中共领导机关的一个合适的中心，可是，把战争时期共产党领导的地区作为一个整体来看，延安和陕甘宁边区在某些地方更像美国的首都华盛顿哥伦比亚特区或澳大利亚的首都堪培拉，它的重要性主要在于它是中央领导机构的所在地。

晋察冀边区政府。门口墙上有欢迎外国朋友的标语（1938年）

　　我的大部分旅行是在晋察冀（山西—察哈尔—河北）边区，这个区域是最大的根据地之一，也是最早建立起来的战时根据地，大约有2500万人口。它是唯一的一个作为战争期间特殊的、具有省级政府同等权力、得到国民政府承认的政权机构。那里有一个实行"三三制"①的边区政府，直到1943年末，这个政府包括国民党的成员。

　　在战争的状况下，华北由中国共产党管辖的地区，是以被

---

① 中国共产党在抗日民主根据地建立抗日民族统一战线政权时在政权的人员分配上所采取的政策，即共产党、左派进步分子、中间分子及其他分子大体各占三分之一，以保证共产党对政权的领导。——译注

冀中的八路军队伍（1938年）

日本人占领的铁路线为自然疆界的。在平时，作为自然疆界的山区，则成了抗日组织的天然的根据地。

晋察冀的大部分为铁路线所环绕：北面是平绥路（北平—大同段），东面是平汉路（北平—石家庄段），南面是正太路（石家庄—太原），而西面是同蒲路（太原—大同段）。这一地区大部分是几乎连大路都不通的荒野的山区。平绥路和正太路相距达180英里[①]，在两路之间广大的地区，仅有一条山路通过绵亘的山脉。这些山路和这一时期华北的大多数道路一样，只不过是为运输而在田野间留出来的一条狭长的地带。在地面条件处于最好的情况下，可以在路面上行驶一辆很小的卡车，更

————————

① 约289.7公里。

普遍的是通行骡子或牛车。而在崎岖不平的多山地区，则连一条这样的路都没有，物品只能靠牲口驮运或脚夫来肩挑背驮。1939年，我们在旅行穿过那里将近200英里①的旅程里，连一辆独轮推车都没有看见过。

晋察冀也包括平汉路东面的冀中，它总体上是一片相当平坦的平原，可是为了军事的目的，它有着一些起伏不平的田野和壕沟，夏天高高的庄稼，特别是青纱帐——可以长到3米多高的高粱和玉米，又会将它遮住。冀中地区比较富裕，经济方面的发展也比山区兴隆——它是中国棉花的主要产区，并且在一些城市里已经发展了机械化纺织工业。1938年末，日本人开始作出一系列努力以控制华北的农村，他们不久便占领了所有的城镇。但是，除了1942年的一个短时期外，共产党领导的军队继续控制着这一区域的绝大部分农村。1942年8月，侵华日军在

冀中风光——民兵站岗（1938年）

① 约321.9公里。

那里发动了一场较大的攻势，并迫使共产党领导的正规部队撤退到平汉铁路以西的山区里。以至于1961年在东京，我遇到了一位前日本驻华北部队司令部的军官，他还说到，在1942年9月，一个日本军官可以不要警卫单独在冀中旅行。但是不管怎么说，日本人却没能消灭共产党的组织，虽然吕正操将军告诉我，他的地方干部曾经损失了三分之一以上。1943年初，当侵华日军的压力减轻了一些的时候，共产党领导的部队又返回这里，而到了1945年，甚至从延安来的美军观察组成员已经能够去冀中访问了。

晋察冀还包括冀热辽（河北—热河—辽宁）边区，可是，这不是一块正规的根据地。平津铁路北面的冀东地区，在1935年就已作为冀东"自治区"而受到日本人的有效的控制。1938年7月，一些共产党领导的部队进入这一地区，发动了一场全面的大规模的暴动，从而使日本人失去对这一地区的控制达几个星期。由于这是一个重要的战略地区，而且和日本占领的中国东北相连接的交通线通过这里，所以日本人派遣了大量的军队来镇压这次暴动，然后建立起严密的控制，以防止新的抵抗运动的发展。我遇到过一个曾在那里工作过的人，他说人们甚至不能安定下来去消灭他们衣服里的虱子，因为警察经常突然地到村里来进行搜查，检查居民的"良民证"，逮捕从别处来的人。

晋东南荒野的山区是共产党领导的另一块根据地。直到1941年，朱德将军和彭德怀将军的第十八集团军司令部，主要是设在那里而不是在延安。但晋南山脉少部分地区和那里的几个大一些的城镇，直到1943年还是在国民党军队的控制之下而不是在共产党的掌握之中。其他根据地还有处于同蒲铁路和黄河之间的晋绥根据地、晋冀鲁豫根据地、山东根据地和新四军所在的江苏等地区。

20世纪30年代，中国的国民政府一直在改善它的正规部队，并为此而希望尽可能地延迟和日本进行全面战争。从纯军事观点来看，这是一项明智的政策；而从政治角度看，这项政策却颇成问题。国民政府无法向人民解释它的政策。因为当这项政策正在顺利地执行时，恰恰给了侵华日军一个极好的机会，让其去抢夺它们所想得到的一切。中国民众看到的是国民政府在日本人的一系列的蚕食面前妥协和让步，中国民众越来越不满意了。1937年7月7日是公认的抗日战争的全面爆发之日，然而，在此后的一个多月时间里，国民政府和日本之间却在进行谈判，战争也只是被限制在平津地区。

如果日本人可以通过谈判得到更进一步的让步，以加强他们在华北的地位的话，侵华日军的首脑们倒是愿意把1937年7月的战争作为一个局部事件加以解决的。但是蒋介石已不能给予更多的让步了。一个老资格的忠实的国民党员罗家伦先生，曾经向我描述过，他在那些日子里对蒋介石可能作的进一步退让感到很忧虑。当他从蒋介石秘书处的一个成员那儿听说蒋已经决定派遣八个师进入河北时，他的欣慰之感油然而生。鉴于这样做是和早些时候同日本签订的一个协议内容相反的，这就表明国民政府已最后决定对日作战了。（这一时期共产党的文件表明，共产党领导人担心自1937年7月以来的战争，会作为一个局部事件加以解决。）

8月底，当战争开始扩大的时候，日本人不仅在华北的平原地区进展迅速，而且突破了隘口进入山西。在上海的战斗中，训练有素和装备精良的国民党军队拖住了日本人，直到他们被在杭州湾登陆的日本人包围。

1938年初，日本人已经打败了黄河以北除晋南地区以外的国民党正规军。但是，直到1938年10月，他们很少作重大的攻击，以控制远离铁路线的农村。这就给了共产党人以机会。虽然从1934年末到1936年的长征是一个异乎寻常的军事的奇迹，它属于像英国历史上的敦刻尔克大撤退①那样的阶段。红军设法生存下来是了不起的。先前在南方和华中地区的共产党武装加起来有30万人，1937年，甚至在地方上招募了新兵以后，红军在西北新的根据地总计仅有约3万到4万人。另外在中国南方有长征时留在那里的大约1万人，后来成了新四军。

1936年，当共产国际的路线已经从"下层统一战线"变成"上层统一战线"的时候，谈判开始在共产党和国民党之间举行，只是由于1936年12月的西安事变，内战才真正地结束了。直到1937年9月，在国民党和共产党之间才达成一个协议，在

---

① 第二次世界大战初期，1940年5月德军侵占荷兰、比利时并侵入法国，英国远征军和法军三十余万人，溃退到法国北部敦刻尔克地区，面临被歼灭的危险，5月底6月初，丢掉大量武器、物资，撤到英国。——译注

此协议中，在北方的共产党武装被承认为第八路军的三个师，即115师、120师和129师。后来，在南方的红军留下的部队被承认为新四军，这是一支最初的兵力只有大约1万人的军队。

有证据表明，在这场战争的早期，共产党领导层内部在关于战争政策方面存在着不同意见。从一开始，就有少数领导人反对进行游击战争，而其他的领导人则提倡进行游击战争。晋察冀的一个军分区的参谋长告诉我，曾经讨论过一个进入东北的行动计划。原来期望国民党军队能够暂时控制住某些华北平原的关口。如果这件事情能够做到，那么热河和辽宁南部的多山地区，将成为最接近华北的适合进行游击战争的地区。

事实上，应被国民政府任命为第二战区司令的地方军阀阎锡山的请求，八路军渡过黄河去帮助山西的防卫。115师对一支通过平型关向南推进的日本侵略军给予了沉重的打击，但是日本人却占领了山西省首府——太原，并继续向前推进。115师留在山西的东北部，那里完全被日本人控制的铁路线所包围；129师驻在山西的东南部，在那儿日本人控制着通向北方、东方和西方的铁路线；而120师驻扎的晋西北，和延安隔黄河相望。

由于日本人仅仅控制了铁路线，所以许多农村都是政治真空地带。不少以前的地方官员随国民党部队撤离了，而众多的地方抗日组织却像雨后春笋一样出现了，有些是由地方绅士领导的，有些是由国民党部队退却时留下的军官领导的，而其他的则由较小的地方军阀或各种政治上的积极分子所领导。共产党有能力提供具有长期进行游击战争经历的干部以抗击在装备上更优越的敌人，并在组织上较大，因而处于有利地位。

在1937年9月的统一战线协议中，共产党人允诺放弃那种特殊的共产党政策（如没收地主的土地），并把孙中山先生的新三民主义原则作为他们自己政策的基础。实际上，实行这种政策的结果，比实行苏维埃政府的纯粹的共产党政策更能有效地赢得普通民众的支持。在土地改革这一关键问题上，共产党人把国民政府在1930年曾经颁布过的一条法律作为自己政策的根据，即把主要农作物的地租限制在37.5%（而国民党直到1949年撤退到台湾之后，才有效地实施了这一法律），并给予佃户许多保护，但这种保护并不使地主感到是不可忍受的。

一个需要花费很长时间去实现的重要的改革是税收制度。这个制度曾经既是无效的，又是不公平的。说它是无效的，是因为很多从纳税人那里征收来的税金不能到政府手里；说它是不公平的，不仅因为许多税款有税率递减问题，而且也因为存在广泛的逃税现象。据估计有三分之一的土地逃过了土地税的登记。而这种土地税从规定上说是比较公平的。（在整个战争期间，在山东的根据地里一直保留着地租。）

晋察冀边区政府首先使用的是被称为合理负担的税收制度。政府将要征收的赋税限额分给县，县再把它的限额分给区，区再分给各村，村再按限额分到各户。这种制度是有效的和相当公平的，但这种限额的依据只是靠粗略的估计。第二阶段使用的是"统一累进税"。这是一种结合收益和财产的税收制度。这种结合对于不劳而获的收益规定要交较高的税款。一个收益完全由地租得来的家庭，比一个靠自己的劳动而具有同样收益的家庭交的税要多。我计算了1944年的比率，对一个贫穷的佃户家庭来说降低了5%，而对一个兴旺发达的地主家庭来说则要多出50%。这种对地租的限制和区别对待的政策在经济上促使地主把土地卖给他们的佃户，而把资本投入税收较轻的地方工商业中去。

中国在农村进行改革的早期努力曾经遭到失败，因为农村中的武装仍然掌握在反对改革的既得利益者手中。晋察冀边区的改革是成功的，因为原来由地主控制的保安队已经被村里的民兵所代替，而民兵则受选举出来的村委员会控制。

的确，除了确定的政策外，政府信守诺言是赢得人民支持的关键。燕京大学有人告诉我，抗战前，如果一个大学毕业生有政治背景，而他又想去外国获得一个学位，那么，通常他就会先去获取一个有如县长这样的职位。名义上县长一年只有合几百美元的工资，可是他却可以从一年的公务费中弄到足够的钱，以支付他去美国学习的经费。而当一个毕业生真的起到县长的作用，试图帮助他那个地区的民众时，满怀感激之情的民众就会为他建立一座功德牌坊。要赢得对任何政府的诺言都抱有怀疑的人民的真正支持，是要花些时间的。同样，要把来自形形色色的小抗日组织的成员和许多刚招募来的新兵训练成能干的战士，也是需要花些时间的。而1938年大部分时间，是进行这种军事训练的理想的时机。这时，主动攻击日本人控制的铁路线的轻微战斗不太多，反击日本人对农村的规模较小的袭击也不多。

1938年10月，侵华日军为最终控制华北农村发动了攻势。到1939年底，他们占领了除阜平以外的晋察冀的所有县城。阜平地处偏僻的山区，1938年在一次侵华日军的扫荡中成了废墟。尽管如此，八路军并没有被消灭，从1938年起，他们逐渐强大起来，成为一支重要的抗日武装力量，使侵华日军不断遇到强有力的抵抗并遭受惨重的损失。在一次侵华日军进攻这一地区的战役中，侵华日军少将阿部规秀被八路军击毙。

在侵华日军方面看来，他们失败的一个主要原因，就是长时间地延缓了对华北农村的军事进攻，这一点，我是1961年在东京和日本国民自卫队历史研究部门中的一些官员交谈时得知的。我详细地询问这个问题时，这些官员承认侵华日军有计划地制造了1931年的"九一八"事件，但他们坚持说1937年7月的卢沟桥事变是出人意料的。因为当时他们没有准备在中国发动一场更大的战争，也没有足够的现成的军队。因此，他们不得不在强化控制华北农村或者对付国民党的正规部队之间进行选择，而且选择了后者，只留下第110师团警卫他们在华北的所有运输线。事实也是如此：在1938年9月以前侵华日军的主攻目标是中国的中部和南部，在占领武汉和开封后，他们才把大批军队调往华北。

没有纪律的保证，是侵华日军失败的又一个主要原因。1938年的夏天，一位八路军的军官对戴德华教授（George Taylor）和我谈道：在日本人没有到过的地方发展抗日队伍比较困难，然而，凡是侵华日军到过的地方，当地老百姓都坚决支

日寇破坏的山区村庄（1938年）

持抗日部队，因为侵华日军肆无忌惮地进行抢掠、强奸、屠杀。我在延安时曾听说：山西有一个地方，日本人、国民党和共产党都曾到过，当地有一个顺口溜说："国民党税多，共产党会多，日本人杀人多。"

侵华日军官员也认识到纪律败坏造成的严重后果。1939年在冀西的一次战役中，共产党领导的军队占领了侵华日军的一个团部，他们从缴获的文件中发现了一份第110师团桑木将军给部下作的报告，其中有一段这样说：除非侵华日军能够大大地改进对待中国老百姓的纪律，否则就会在这场战争中失败。显然他没有能够改变这一状况。我在同日本国民自卫队历史研究部门的官员交谈时，他们试图提醒我，有关侵华日军暴行的报道只不过是"共产党的宣传"。我很清楚地告诉他们，这种观点是不符合事实的。我强调说，侵华日军纪律败坏似乎是由宪兵一手造成的。出乎我意料的是，他们完全赞同这一看法。宪兵是牵涉军政界的、权力极大的警察组织，没有任何一个一般官员敢同它作对。而且，他们极其腐败，已深深卷入了贩运毒品和其他方式的有组织的犯罪活动。

侵华日军素质的衰败是一个颇为有趣的课题。以前在日俄战争期间，侵华日军曾以良好的纪律对待平民百姓和战俘，从而赢得了所有外国观察家的高度赞赏。但是到了20世纪30—40年代，侵华日军在这两方面的纪律已经败坏到臭名昭著的地步了。

侵华日军素质比日俄战争时期下降的原因，曾被解释为那时的上层军官与后来的不同，他们来自有着传统纪律的武士道家庭。当然，这可以作为这个问题的部分解释。还有两个普遍的原因可能更重要。首先一个原因是：当一个团体把维护它的团结和它的利益作为最高标准的时候，它就失去了过问那些有威望的极少数成员的能力。事实正是如此，那些身居要职的日本官员，包括天皇，对那些冒险者和疯狂分子的所作所为不闻不问，对于强硬的惩罚性措施会有损军队的良好声誉的主张，他们也从来不想去加以反对。而侵华日军军方在北平举行的招待会上，每当外国记者提到侵华日军暴行的报道时，侵华日军发言人的标准回答就是原则上否认此类事情的存在，因为这种

日寇在阜平烧毁的房屋（1938年）

行为是同《明治诏书》有关军队纪律的阐述相矛盾的。另一个原因是：站在错误立场上的人，他们的行为也往往总是糟糕的。

在1904—1905年间，侵华日军会以从西方帝国主义手里解放亚洲作为借口为其进行的战争辩护，但是自从西伯利亚远征以来，侵华日军领导人的确无法为自己的进攻目标作振振有词的辩护了。任何一位侵华日军军官只要认真思索并将"东亚新秩序"的高调口号和侵华日军在当时的行为比较一下，都会无地自容。

1939年，侵华日军对付八路军部队的主要办法是包围战术，而八路军部队则一直是很机智地避开包围。1940年，侵华日军采取了一个新的策略。这个策略被认为是桑木将军研究了国民党对付共产党中央苏区的办法后提出来的。据认为，国民党采取的碉堡制和封锁交通线的办法，最后迫使共产党放弃了南方的根据地，进行长征。

侵华日军建立碉堡制和封锁交通线的战略，开始仅仅是为了保护铁路线，由此扩展到逐步蚕食共产党领导的根据地。他们不再去包围共产党领导的主力部队，而是向根据地发动攻势，集中兵力摧毁那些还没有利用碉堡制和封锁交通线的手段控制的根据地。他们在所到之处，实行把房屋烧光、家畜杀光、粮食抢光或毁掉的"三光"政策，还把抓到的村民送到日本人占领的东北去当劳工。

初期，在华北的八路军，除平型关大战外，还没有与侵华日军有过其他更大的交锋。1940年8月他们发动了一次大的攻势，即"百团大战"，这次战役占领了许多侵华日军的阵地，捣

冀中靠近铁道封锁线的农村（1938年）

八路军袭击侵华日军碉堡（1938年）

毁了部分铁路。但这仅仅是暂时的胜利，不出几个月，侵华日军就恢复了失去的地盘，并把碉堡修得更牢固。在战争期间，共产党和国民党之间的关系是错综复杂的，彼此之间常有许多争执。1938年抗日统一战线还能顺利的工作，那时鹿钟麟将军的部队曾通过共产党领导的根据地去接管河北南部，而那里的农村早已在这年春天就由共产党控制了。

共产党对鹿将军是怀有敬意的，称他是真正的爱国者，认为他有抗日的诚意，只是作战的组织方法太陈旧，抵挡不住1939年侵华日军对他的猛烈进攻。而对鹿的部下张荫梧，共产党就很不满意，指责他是"曲线救国"论的最早鼓吹者。这个口号意味着与日本人合作去反对共产党。

有些人认为1941年1月的"皖南事变"标志着抗日统一战线的破裂。这是国民党和共产党第一次公开他们之间的冲突。其实相当厉害的冲突早开始于1939年。在华北，同一地区的国民党和共产党的力量只有凭着相互间的高度信任，才可能避免摩擦。一旦侵华日军增加压力，其攻势迫使某地的任何中国军队移动，就可能造成问题，因为国民党和共产党领导的军队和政权大不相同，不能互相兼容。而且，政治形势的变化削弱了地方上的相互信任。国民党领袖之一汪精卫的背叛，使共产党疑心国民党可能和日本人达成妥协。同时共产党完全赞同德苏协议也增加了国民党的猜疑，以为共产党会受苏联操纵。

国民党部队到1943年底没有大规模地在黄河以北出现过。国民政府试图推行的军事组织和地方组织的标准形式，不适于抵抗侵华日军猛烈的、接连不断的攻势。从1940年至1943年，华北的许多国民党部队都投降了侵华日军，后来被编入汪精卫伪政权的伪军。在山东，也有一些残存的国民党部队，直到1945年才被共产党解决。这些部队一些实际组织特征上，同共产党部队极为接近。因为这些特征是他们为了生存下去，在反对拥有极为优越的武器的敌人时所必不可少的。

从1940年底至1943年底，侵华日军逐步占领了华北，八路军大约损失了四分之一兵力，并失去了一些很富庶的地方。侵华日军在这些地区推行"囚笼政策"，八路军被迫在根据地采取紧急经济措施和增加税收，以应付这一情况。

侵华日军的碉堡制和封锁线战略的弱点是需要大量兵力。到1943年，侵华日军在中国约有3000个碉堡，每个碉堡需配备约30人。那时侵华日军一方面不得不将部队广泛分布，以备增援任何受到袭击的碉堡；另一方面仍然需要更多的部队去扫荡根据地。许多碉堡由于是由伪军把守的，因此也就远远没有起到作用。八路军能够同许多伪军部队达成彼此"互不侵犯"的协议。晋察冀的冀晋第三军分区黄永胜将军告诉我，他的部队需要袭击某个伪军据点时，要经司令部批准。

穿越冀中去铁路西面的根据地，要赶一夜的路，约有30英里①。其中要通过一段封锁线，过路的人总是报告平安无事。有一次，一个八路军小队报告说有人开了枪，第二天，一个农民

———————————

① 约48.2公里。

捎来了伪军的信息，说因为日本人在身边，他们不得不打枪，但愿没伤着八路军。

一位我的无线电班的学生有一段类似的经历。他在冀中八路军小分队的时候，一次他们队的机枪坏了，于是就派一位农民捎信给当地的伪军据点，要求在修理机枪期间借一挺机枪。伪军几乎没有什么异议就同意借给一挺机枪，只是要保证在十天之内归还。因为侵华日军可能十天以后来检查。

如果侵华日军的堡垒封锁政策能多持续几年，或能用可靠的部队来镇守所有碉堡，他们或许会迫使华北的八路军转入地下，让那些数量很少的游击队上山打游击。侵华日军在东北能够肃清公开的反抗者，就在于实行了把老百姓都集中在日本人驻军把守和设防的村子里。事实上，自从1943年以后，侵华日军迫于太平洋战争的形势不得不从华北撤走一些军队时起，其整个战略就趋于崩溃了。在1943年7月，八路军仅仅控制了华北的两个县城，即晋察冀的阜平和平山。到1944年7月他们就控制了40多个县城。而到1945年，侵华日军退回到他们在1938年初的阵地，只控制了几条铁路。

1967年我在日本时，访问了一位侵华日军军官，他曾在太原的侵华日军中负责情报工作。他记得的中文，足以使我们能完全自由地交谈。他分辩说，事实证明，侵华日军在中国与中国共产党打仗比美国在越南和越南共产党打仗更有战斗力。我回答说，如果八路军有像越南共产党得到的那种数量充足的外援，他们就会在一年内把你们赶出中国。我的话使他很震惊。

在评价中国共产党在抗日战争中的成果时，有一点要考虑进去，即1940年后，甚至还包括以前的一段时间，中共根本没有得到任何外援，即使国民政府和在山西的阎锡山方面也没有给他们以帮助。我曾看到，有人使用的步枪是欧洲19世纪90年代制造的。弹药几乎完全靠从日本人手中夺取。到战争后期，日本人的物资也愈来愈缺乏。

一位军分区司令员告诉我，战士们要尽量节省弹药的消耗，只有当战士们当中有特别的神枪手时，才允许这些神枪手战士在100码①以外射击。

八路军物资的供给除从敌人那里夺取外，还通过当地很小的、很原始的兵工厂来补充，这些兵工厂表现出了极大的创造才能。1938年，手榴弹的弹药供应很充足，而这些弹药则是由当地历史悠久的、制造烟火的手工业作坊生产出来的。这种手榴弹一般只能炸成两三个碎片。后来，一位辅仁大学化学系的教师张珍当了兵工厂的厂长，他采用古老的铅罐法制作硫酸，即用农民用来储存粮食的大陶缸做反应室。后来，能够制作硝酸，并用它来制造火药，使手榴弹和地雷有更大的杀伤力，并成为仅有的来源充足的武器。军需部门还设法制作一些步枪子弹，弹壳是用旧的铜币制造的，所以生产起来很费劲。

八路军对有些东西，像电话和无线电用的干电池，他们依靠那些有爱国主义思想或牟取高利润的商人从侵华日军占领的

---

① 约91.4米。1码约0.9米。

根据地自制的手榴弹和迫击炮弹（1938年）

城市走私。如果需要的话，他们也能制造某些型号的湿电池，但这也是相当困难的。

中共领导的军队和其他反法西斯抵抗运动的情形不同，它的特点在于供应几乎完全是自给自足。而与此同时的南斯拉夫铁托将军的军队和法国的抵抗运动，都是依靠英国和美国的空投得到武器装备。后来的越南南方的共产党不但可以从越南北方得到稳定的、不断增加的援助，并且还有可以撤进中立国老挝和柬埔寨的有利条件。在根本没有外界援助的条件下进行的中共领导的抗日战争，应该被称作当代最有战斗力和抵抗力的

抗日部队使用的旧武器（1938年）

胜利战争。

与东南亚共产党的革命相比，中共在华北所处的地理和气候条件都不利于游击战争。除山西西北部分地区外，这里的山区确实是荒凉的，而且没有道路，山是光秃秃的，根本不像越南和马来亚的游击区那样，覆盖着茂密的丛林。更有甚者，冀中是一马平川，只要不是雨季，敌人的机械化部队很容易推进。

在东南亚，游击队在野外最需要的只是个简陋的遮雨棚，那就相当舒服了。在中国北部的冬天，房子和取暖是两个最基本的生存条件。在平原上，从12月到2月，夜间温度处于零摄氏度以下。山区的冬天很长，延安的最低温度能达到零下十四摄氏度。日本人承认这种气候条件给他们在东北镇压那些公开的反抗者帮了很大的忙。一旦他们把人都集中到设防的村子里，并把其他所有房子都毁掉，游击队就很难生存。

但八路军得到了当地老百姓真诚的和积极的支持，在一定程度上补偿了这种艰苦的条件所造成的困难。不同于越南和马来亚共产党的是，他们不需要用强制手段来得到人民的合作。他们是怎样得到这种支持的，后面将作详细的叙述。

燕京大学，1937

　　我和中国的关系开始于1937年，几乎可以说是偶然的。当时，我刚结束了南威尔士第二工业调查所所长助理的工作，正在找另外的工作。事有凑巧，这时燕京大学的社会系主任吴文藻教授，正想做一个按照牛津大学式的导师制的实验。导师制的经费主要来自美国基督教燕京大学资金委员会，该会的资金来自美国的个人或团体的捐款。吴先生来到英格兰，想物色两个人来帮助他开始这一实验。他很快就聘请了已在中国执教的戴德华先生，这是一个很自然的人选。第二个人选可就颇费周折了，他向奥勒索学院的校长亚当斯先生（Warden of All Souls, W. A. L. Adams）请教。正好亚当斯先生是我父亲的一位朋友，他知道我正在物色合适的工作，他建议我去燕京大学，因为我是牛津大学导师制毕业生，对导师制的一切都熟悉，并且因为这是在中国大学初次试办，应该是很有趣的工作。

　　惭愧的是，当时我对中国没有深切的了解。当然我知道中国处在东亚、它的历史、它被日本一连串的欺压等等，但是对详细地了解中国及中国广大人民来说，我是偏于肤浅的。正因

古都北平的故宫（1938年冬）

古都北平的故宫（1938年冬）

为我知道的关于中国的事情不多，所以我马上就觉得到中国去特别有意思，并且我没有任何偏见的心理包袱，这就便于我更好地去观察和了解中国。我对燕京大学的无知远胜于对中国的无知。后来我知道，在美国，燕京大学是和清华、金陵、复旦等大学一样同享盛名的。在中国虽然战争已经开始，而且燕京大学将来是否能存在下去，似乎也会是个问题，但我还是毫无顾虑地决定从英国绕道美国，而后航行去中国。在美国我可以参考几个已有的实行导师制的大学（如哈佛大学和芝加哥大学）的经验，他们的实验研究，是会有助于我将要在燕京大学进行的导师制工作的，因为燕京大学和中国其他的大学一样，其制度如学科及行政机构的设置等，是取型于美国的大学的。最后，我于1937年12月离开美国去中国，从温哥华坐船到横滨，然后穿过朝鲜和中国东北，抵达那时叫北平的北京。一位成了我的朋友的轮船伴侣是诺尔曼·白求恩医生（Norman Bethune），他现在在加拿大已经成了民族英雄。我们在横滨分手时，没敢期望我俩有再见面的机会，因为我是去被日本人占领的北平，而他是去抗日民主根据地。

有关导师制的实验是有趣的，学生是从一场竞争性的考试中挑选的，他们似乎乐于这种实验。我们预料，当我们发展到把学生招满的极盛时期时，我们的教师和学生的比率也只会稍高于其他大学。当然，采用美国制的班级里的学生人数，比我们采用的导师制的小班级里的学生人数要多得多，但是，采用导师制的班级的等级和声誉，要求导师们在管理上花更多的时间，导师们要负责使学生的学习成绩够得上优良。造成导师制花钱多的原因是需要受过更高级训练的导师。一位大学讲师可以教一门美国式大学的课程，但一位导师得具备回答学生们提出的一般性的任何一个项目问题的知识和能力。

除此之外，燕京大学从1937年到1941年是一个引人入胜的地方，当时在敌占区的中国是唯一一个自由自在的大学。燕京大学开始是在1926年由在北京的新教徒的几个小教会学校合并而成，新址在城外五六英里①的地方，在去颐和园的路上。学校的大楼是外国的建筑，但有着中国式的屋顶向上卷曲的外表，内部则是欧化的，有各种现代化设备，有漂亮适用的中国家具。校园的正门（西门）被漆成辉煌的红色，走进这个门，迎面便是一座拱形桥，坐落在一条养着许多金鱼的小河上。河水由未名湖流来，又流进荷花塘。这里有来自以前圆明园的雕龙大理石华表。水塔是一个极显眼的标志，被建成东方国家的宝塔式样。校园中央最高处的临湖轩，是校长的住宅。在住宅后面隔一条大路便是未名湖。花园里有垂柳、连翘，还有杏、梅、桃等果树花，一年四季除冬天外，花园里都被鲜花所覆盖。花园的一部分曾是一位满族亲王的别墅。燕京大学，这所在美国纽约州登记的教会大学享有美国的治外法权，这种法权地位受到日本人和中国华北伪政府的尊重。原则上我们用不着去注意由日本人扶持的伪政府颁布的有关教育的规定。而理论上，我们

① 约8—9.7公里。

燕京大学校园景色（1937年）

从属于国民政府教育部，他们虽乐于得到占领区里任何大学对他们的权威的承认，但谈不上任何现实的管理。1939年国民政府教育部长陈立夫颁布了一套管理计划，为了要阻止中国非日占区学生的政治行动，规定学生们一周内待在教室里的时间要在30个小时以上。当这些规定传到燕京大学时，我们召开了一个教务会议。每个人都说这个新规定是不能忍受的，所以我们采用了其中一些可以遵守而不致有困难的条文，以保全陈立夫的面子，对其余的条文则不予理睬。

燕京大学校长司徒雷登（John Leighton Stuart）和日本人打交道是很机智的。他在并不重要的枝节问题上是圆通的。为了阻止日本士兵走进大学校园，他张贴用日文写的布告说，这是美国的财产；而当日本人反对时，布告就改用英文、中文和日

燕京大学林迈可工作的地方（1937 年）

文。他在重要的问题上立场坚定，他说他无法阻止日本人封闭
这所大学，但是在原则问题上他宁可关门也决不妥协。例如，
日本人要求外国人创办的大学招收日本学生。辅仁大学这所天
主教的大学应允了这样做，结果招进的日本学生都是侵华日军
的特务，惹了不少麻烦。司徒雷登的反应则是，要通过公平的
入学考试，且要让他查实批阅入学考试卷子的教授们一点也不
知道他们正打分的卷子是谁作的。入学考试成绩发表后，正好
连一个日本学生也没有被录取。当日本人提出抗议时，他就告
诉他们，有五十多名没有被录取的中国学生的成绩，比日本投
考人的最好的成绩要好。因为入学考试要求精通中文和英文，
考场里很难有中文、英文俱优而可以够格入学的日本投考人。

另一个例子是，日本人强迫燕京大学任命一位日本籍的教授。司徒雷登博士回复道，燕京大学是一所具有国际性质的大学，如果能够发现合适的人选，他对任命一位日本籍教授不会有异议。最后，他邀请了陶利教授（Torii）。陶利教授被中国的院校公认为是辽史的真正的专家，在内蒙古，陶利教授和历史系的学生一道工作，花费了很多时间去发掘辽代遗址，并且他拒绝为侵华日军进行特务活动。后来我们听说，1941年12月，当燕京大学被查封时，陶利一家尽了很大努力去帮助他们的中国同事，所以，当战后燕京大学复校时，又邀请陶利教授回去任教。当时在中国，只有法国领事馆才大规模地、成功地运用了像燕京大学那样对付日本人的策略，抵抗日本人的势力。法国政府在中国的实际权力远比美国要小，甚至不及英国，但是他们仍然敢于运用这些权力。日本人明白，如果他们干涉法国的利益，法国将会报复，这就迫使日本人或者改变主张，退回原处，或者使意见分歧逐步升级到采取反对法国的明确的战争行为。直到1940年法国崩溃前，日本人总是选择前者，即改变主张，退回原处。

冀中，1938年复活节

1938年初访问了冀中的美联社驻北平记者霍尔多·汉森先生（Holdore Hanson），报道说，在冀中有一个有趣的组织正在发展。燕京大学的三个年轻的外国教师，包括我自己，决定在复活节假期间去看一看。我新近已经买了一台德国造的蔡司伊康照相机，带了16卷120胶卷，我在中国自始至终就是用的这台相机。这是一笔特别的交易，相机是用由日本人开办的华北联合准备银行的货币"元"买的，日本人声称这种"元"值日本的货币一"圆"，而实际上大约只值一"圆"的三分之一。一位白俄瓦尔加索夫先生（Serge Vargasoff）在北平将我的胶卷冲洗出来和印成照片。但是自从1942年我参加了共产党领导的八路军，我的胶卷就由军队中的技术人员在临时凑合的没有自来水的原始暗室里冲洗。

在那时候，外国人穿过日本人占领的区域到中国人管辖的地区去是没有什么问题的，所以在此次旅行中，我们先乘火车并带上自行车去保定，再从保定骑车到农村去。大概骑了2英

林迈可去冀中途中（1938年）

冀中风光——小镇（1938年）

八路军小分队集合（1938年）

八路军在打排球（1938年）

欢迎青年们参加八路军（1938年）

冀中风光——村庄（1938年）

冀中风光——农民打场（1938年）

冀中风光——纺棉纱（1938年）

根据地群众的抗日集会（1938年）

根据地学校（1938年）

根据地群众欢迎外国朋友（1938年）

里①，我们通过了日本人的最后一组哨亭。再向前大约1英里②，就到达中国人的第一组哨亭。在一年中的这个时期里，旅行是非常容易的。在华北，从10月到来年6月，天空经常只有很少的云彩，偶然下些雪，不等融化就蒸发了，而春雨，虽然它对农业来说是重要的，却难得下大或持续长时间。有部分旅程我们乘坐卡车。虽然由于尘土太厚，有时骑自行车是困难的，但通常沿着公路的边缘人们仍然能够找到一条坚固的小路。

　　到游击区的外国访问者被认为是最好的宣传者，因此我们被当作大人物来对待，并被引导着在这一地区周游。我们看见

① 约3.2公里。

② 约1.6公里。

到处都在举行抗日集会和操练新招募来的部队。在那个时候，因为民众对共产党尚有怀疑，所以吕正操将军的部队并不叫作"八路军"，部队穿着带有臂章的卡其布军服，臂章上写着"冀中人民自卫队"。我还记得当地司令官决定外国来访者应该吃外国食物时，我们吃了一顿陌生的早餐。实际的食物是合适的，除了煎鸡蛋和烤馒头，他们也供应啤酒和白兰地酒——半玻璃杯啤酒加满白兰地和半杯白兰地加满啤酒。

我们被邀请参加一次袭击平汉铁路的行动，这使我们能有机会看到，在这个时候，这支军队并不是很得力的。我们随着这支部队行军一天半，到达离铁路线 5 至 10 英里[①]的一个村庄，

小民兵在放哨（1938 年）

---

① 5英里约8公里，10英里约16.1公里。

天黑以后，又出发进行一次按理说不是太难的夜行军，预期向东越过一块平坦的平原。然而一阵短暂的带灰沙的暴风雨袭来后，部队的指挥官迷了路——他们不知道如何从北极星去辨别北方在哪边。于是我们在这个夜晚绕了许多圈子，快到天亮时才到达那条铁路。在急速撤回来以前，部队破坏了两三段铁路。

晋察冀，1938年夏天

　　1938年暑假，我和与我一起进行导师制试验的同事戴德华进行了更长距离的旅行。再次从冀中出发，当我们进入在任丘的吕正操将军的司令部时，我们受到了带有军乐队演奏的欢迎，然后被护送越过平汉铁路，进到设在山西省五台山区的聂荣臻将军的晋察冀军区司令部和宋劭文主任委员领导下的边区政府。这是一个经常下雨的季节，我们不得不乘船越过冀中的洪水地区，在山区涉水通过一条条洪水形成的河，这些河水流湍急，水位可达人的腰部。通过这次旅行，我学到了大量的东西，因为这个时候我已经能听懂一些中国话，而戴德华的中国话则讲得非常好。

林迈可和戴
德华去冀中途中
（1938年）

保定与高阳交界处风光（1938年）

吕正操将军领导的冀中军区司令部欢迎林迈可和戴德华（1938年）

涉水渡过唐河（1938 年）

戴德华检阅欢迎的八路军部队（1938 年）

冀中行署刘皑风、王光文与林迈可、戴德华在一起（1938年）

冀中根据地自制武器的兵工厂（1938年）

该兵工厂使用的设备（1938年）

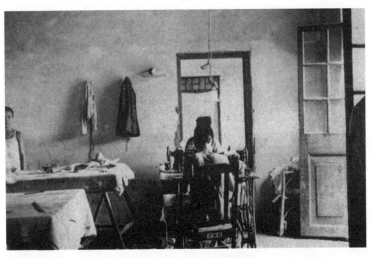

为抗日部队做军服（1938年）

部队的通信员们（1938年）

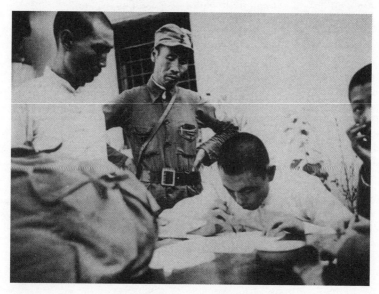

部队参谋们在工作（1938年）

根据地自制的
步枪（1938 年）

一个地方司令部墙上的抗日口号（1938 年）

护送林迈可等从冀中去晋察冀的部队（1938年）

护送的部队整装待发（1938年）

通过根据地的村庄（1938 年）

向铁道西边的小山进发（1938 年）

在一所乡村小学休息。黑板和墙上都是抗日口号（1938年）

阜平山区风光（1938年）

准备渡过沙河（1938年）

涉水渡过沙河（1938年）

根据地人民在沙河河畔欢迎林迈可和戴德华（1938年）

"洗脸、喝茶、休息！"根据地人民热情接待林迈可、戴德华（1938年）

日寇在沙河一带破坏的村庄（1938年）

日寇破坏的山区
村庄（1938年）

八路军行进穿过村庄（1938年）

村民们（1938年）

河北、山西两省交界的龙泉关（1938年）

两省交界的大山（1938年）

根据地人民露天看抗日话剧（1938年）

具有代表性的中国寺庙（1938年）

五台山

  在五台山，我喜出望外地又遇见了白求恩医生，八路军根据地的医院在这一地区。刚到这里时，我和戴德华都得了痢疾，白求恩医生用甘汞随后又用鸦片来治疗我们的赤痢，这是在抗菌素产生以前，按曼森的《热带医学》的处置法开的药方。戴德华急着回北平，我就一人留下，并和白求恩一道度过了一周。他的医院是在一户农家的院子里，伤员们躺在院子四周屋里的炕上——所谓"炕"是一个供睡觉和坐的高台，由下面的烟道供给热量取暖。白求恩医生是一位热心而又相当朴实天真的共产党人。他告诉我，当他在苏联访问期间，他看到苏联的结核病人得到了良好的治疗，这给他留下了极深刻的好印象，因而加入了共产党。我观察到白求恩医生的两个特征：一是他热爱他的病人，决不宽容任何使病人遭受不必要的痛苦的行为；二是他在学习外国语言方面的无能。一次，一些伤员来到了医院，但几小时后管理人员才告诉白求恩，以致他不得不在菜油灯的微弱灯光下对他们进行第一次检查。白求恩大发雷霆，而后召来应负责任的人，对那个人责骂了五到十分钟，结束时说：如果这个应

五台山附近的八路军部队（1938年）

五台山附近的八路军部队（1938年）

负责任的人在加拿大或北美这样干的话，就会被立即解雇，并且在别的医院也永远不会再找到任何职位。翻译人员在翻译这些长篇激烈言论时只是说："白求恩医生对你的行为不太满意。"白求恩医生自己也听不出来他翻译得对不对。甚至在1939年我再见到他时，他在说中文的环境中已经生活了一年多了，只有他的翻译讲英语，而他仍然只掌握诸如"开饭"之类的几个非常简单的短语。

　　1938年，伤病员们在到达白求恩大夫治疗的地方以前，不得不靠担架抬着走一星期甚至更长的时间，以至那些伤病员的创伤已经被感染而由轻变重了，他为这种情形感到非常痛心。1939年当我再次见到他的时候，他正从冀中回来。在那儿他和一支有装备的流动医疗队一道工作，这些装备可以用两匹骡子驮走，这就使他能够在离进行战斗的战场几英里[①]以内的地方动手术、

和白求恩一起去白求恩所在医院途中的林迈可（1938年）

————————

①　1英里约为1.61公里。

和林迈可一起去白求恩所在医院途中的白求恩（1938年）

使用夹板或进行包扎。有时候，他的医疗队刚从村子的一头撤出，而日本人已经从村子的另一头进来了。

这次旅行中最激动人心的是越过平汉铁路回冀中的那一段。在去五台山的路上，我和戴德华及我们的护送者穿越铁路时，在马背上度过了一个平静的夜晚。但我一人回来时，竟做了四次努力才得以平安地过了铁路。第一晚我和一支大约有12人的护送队一道动身，但是，当我们发现另一支队伍已经袭击了铁路且切断了电话线，以致一辆日本装甲车正在铁路上巡逻时，我们不得不折返回来。这次失败显然被认为是丢面子的事，因此第二天夜晚，我被交给了另外一支超过百人的护送队，该队还有骑着几匹马的骑兵，他们走在前面并沿着铁路线侦察。这是一个月光如洗的夜晚。我们在一条壕沟的掩护下逼近铁路，

医院附近的山景（1938年）

医院内的愉快气氛（1938年）

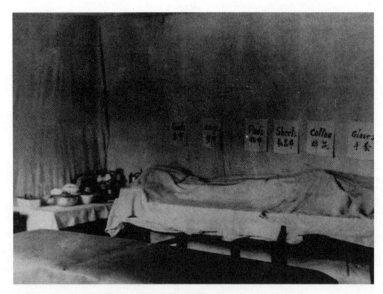

医院的手术室（1938年）

在医院里动手术（1938年）

住院治疗的伤病员（1938年）

涉水抬送伤病员（1938年）

抬送伤病员到医院（1938年）

但是最后 $\frac{1}{4}$ 英里^①左右的路，是在一块种着非常低矮庄稼的平坦的平原上。幸运的是，负责护送我的那个人是一位原红军部队的老兵，他不相信新兵的侦察才能，自己走在前面大约一百码的地方。而当他从铁路旁边一道低矮的堤上看过去时，发现有一队日本人在铁路线的另一边。我们不得不在子弹在头上呼啸的情况下爬回隐蔽地。那些日本人好像也是没有经验的；我们唯一受伤的人是一位战士，当他试图骑上他的马时，一粒子弹打中了马鞍子一边的脚蹬，以致他扭伤了一只脚的踝骨。

第二天早晨我醒来时，使我惊奇的是，我发现早饭已经准

----

① 约0.4公里。

备好了。通常是当我等待吃饭的时候，人们才开始准备饭的。我的护送者解释说，一辆日本人的装甲车正沿着铁路线行驶，炮轰村庄，并随时会炮轰我们所在的这一带。我们准备在这一天晚上穿越过去的尝试也未实现，因为一场猛烈的雷雨使一条小河泛滥，我们不可能渡过它。这时我建议在白天穿过铁路，因为日本人在这条线上巡逻并不严密。最后这个建议被采用了。我穿上借来的中国农民的衣服，两位保护我的战士也改穿一般的老乡的衣服，毛瑟枪插在他们的衬衫下，并背着一个装着他们的军装和我的西服的包裹。我们没有碰到更多的麻烦就通过了一座村庄，虽然村庄里有一座顶上飘着日本旗的哨亭。过了这座村子再向东面走大约2英里①，我们安全地到达了共产党掌管的地区。

① 约3.2公里。

燕京大学，1938年

回来后，在北平我更深地参与了抗日的地下工作。在这以前我曾经给予过他们一些帮助，因为事情是很明显的，任何有血性有思想的人，都有义务去反对侵华日军。当时，由于一个外国人有许多特别的权利，他可以做许多工作。例如，外国人在北平城门口不会被搜身，所以我可以经常购买医药物品。不久以后，我应八路军地下联系人的要求，又买了无线电的零件。我还主动地增加了某些我认为有用的项目：有一次在东安市场的一家书店里，我偶然地看见了一大本有关炸药制造的教科书，我买下它，和别的器材一齐送出城去了。以后我发现晋察冀的炸药制造有改进，爆炸的效力更强了。这里就有着这本书的功劳。

在日本占领军的严密监视下，我不得不特别小心地考虑卖给我这些东西的药房及商店的安全。因为如果日本人一旦知道这些商店曾卖东西给抗日游击队，他们就会狠狠地惩罚这些商店的。所以我把东西拿回来后，就把商品外边原来的商标撕掉，这样，万一这些东西不幸被日本人从中共地下工作者的交通网里查获，也不会知道这些东西的来源了（实际上我们一次也没有失事过）。关于药品的详细名称和功用，我找了一个在导师制班学习的学生帮我重新加以整理。我觉得她老实可靠，是不会把我出卖给日本人的。1941年她毕业后（她最后一年退出了导师制，在经济系完成学业），我们结了婚。

化装经过日伪占据的村落。包袱中有军装、西服，身上藏着武器（1938 年）

晋察冀边区，1939年夏天

1939年夏天，我做了另一次通过八路军根据地的更长的旅行，这次是一行四人。我的旅伴有燕京大学的数学教授拉尔夫·拉普伍德先生（Ralph Lapwood），他已决定去未被侵华日军占领的大后方从事中国工业合作社的工作；赵明，一位以前燕京大学的学生，是在北平从事地下工作的，现在要转移去晋察冀边区工作；另外一位是来自燕京大学机器房的工人肖再田，他原打算伴随拉普伍德到后方，但后来返回了北平。肖再田是一位有特别技能的工人，他好像天生就对机器很了解，处理机器时，无论问题大小都处理得得心应手。有一次，当我的照相机掉进一条泛滥的河流损坏后，他拆开相机的快门，将它清理干净又装在一块儿，于是相机又像没浸水以前一样好用了。他做这些事时没有其他工具，只有一把袖珍小刀。他只受过很少的一点正规教育。有一次，他想用10去除一个数字，可是把它写出来后，竟像一道长除法的算术题！肖再田回到北平后，从事抗日地下工作，后被侵华日军宪兵队逮捕并严刑拷打。大约一星期以后，和他同时被捕的一个人跑来找我，说他们已和西苑的宪兵

司令官联系，司令官同意释放肖再田，但要索取足够多的钱，以
便为他自己购买一辆新的摩托车。我捐赠了我的积蓄，和其他
同情抗日的朋友们凑到了足够的钱。不久以后，他被释放了。

　　这一次我们去根据地的路线要穿过西山，当我们通过在温
泉的日本哨站时，我们装得像是一些要去野餐的人。这是一个
经西山去游击区的紧要关口，哨兵一晃手，我们便顺利地踏上

发大水的北拒马河（1939 年）

北拒马河岔道（1939年）

了这一长途旅行。

1939年的雨季发生了严重的洪水，我们经常被一些河流所阻挡。当我们到达在平西的萧克将军的司令部时，我们发现这位将军却被阻隔在北拒马河的对岸。一星期以后，一条用绳索把几只木箱捆在一起的"船"造好了，这样他才能够回来。

第二天，或者是第三天，我们朝反方向渡河。水流非常湍急，从堤岸的这一边旋转着冲向那一边，以致划船的人不得不注意躲避急流。我们安全地渡过了河，但是乘船往回划的一批人很不幸，他们未能到达彼岸，急流把他们远远冲走了。当我在1942年1月再次过这条河时，河水却很浅，人们可以涉水渡河。

尽管一百多英里外的北平有飞机飞行，但这一带的有些地区仍是非常原始的。女人们梳着明朝风格的发式。战士们告诉我们，当他们在1938年来到这里时，有几个村庄的人们甚至没

儿童岗哨（1939年）

山顶上的村庄（1939年）

平西根据地山区民兵（1939年）

根据地小学生（1939年）

有听说过辛亥革命，不知道中国早在1911年就已成立共和国。他们还在用着最后一个清朝皇帝的年号（这是传统的中国制度，即把皇帝的名字和他即位的纪年合起来，这种制度日本仍在使用）。

做了一个星期的旅行以后，我们到达了聂荣臻将军的司令部，在那里我又遇见了白求恩医生。他告诉我他太需要一个假期了。主要是他极想吃西方饮食（前线是不可能有做西餐的设备的），而且希望有一位会讲英语的伙伴。我向他建议，他可以沿着我们曾经走过的路线到北平，并先在我们家住着，西餐及安全的住宿都不会成问题，一直住到他能够安排好去上海或香港的旅行时为止。遗憾的是他没有机会这样做，我们会面几个月以后，他死于败血症。他在做手术时割破了手指，被感染了。后来，他的主要助手江一真医生告诉我们，他曾经极力主张白求恩医生将病坏的手指切除，但是白求恩医生拒绝了，因为白求恩认为作为一名外科医生，这样将使他不能运用灵活的手指为病人做手术，以致会有无能为力之感。

我们最初曾经计划去访问延安，但是军事形势使这一计划几乎不可能实现。我们不得不在河北和山西交界处的一个小村子里等待了大约两周的时间，然后去第四军分区司令部，参加一支横越石太铁路到晋东南去的军队分遣队。正是在那里，我们听到了欧洲战争爆发的消息，希特勒统治的德国向英国宣战了。

白求恩大夫和经他救治好的伤员（1938年）

晋东南的八路军过正太铁路（1939年）

修复从黄河到陇海铁路间的公路（1939年）

晋东南

横穿正太铁路是相当平静的，我们进入了一个与晋察冀边区截然不同的乡村。我们翻过了黄土高原上有着深深峡谷的荒山野岭，旅行大约一周以后，到达了设在晋东南的八路军总司令部，在这里遇见了朱德将军。

关于这次会见，我记得最清楚的，是朱德将军使肖再田毫无拘束之感，这是朱将军特有的魅力。他们交谈了一会儿以后，肖再田对我说，在其他司令部和那些受过高等教育的人会见，他总感到多少有点不自然，和朱将军在一起，他感到十分自在。并且，朱将军让肖再田看了晋东南的机器，当肖再田看到有些机器因管理保护不好而损坏时，他情不自禁地说，许多机器需要有人护理。这些意见朱将军都乐于接受，这就使肖再田更尊敬和爱戴这位八路军总司令。

经过几天的旅程，我们进入了由国民党军队控制的地区。虽然在有些地区国民党和共产党之间冲突已经开始，但统一战线在这里似乎仍然保持着。我们在一个热闹的渡口渡过了黄河，又经过一天的旅行，来到了陇海铁路。在最后的十天里，我们

晋东南一个村庄的自卫队哨兵

走了大约250英里^①。拉普伍德记了一本有关我们旅行的日记，计算起来，我们从离开燕京大学起，总共已经走了大约1000英里^②。

我们坐火车去西安，可是我们不得不步行穿过潼关附近一条近10英里^③长的铁路间断处，这段路处在北面山上日本人的炮火之下。几天以后，在西安我设法登上了去重庆的飞机，然后飞到了香港，一艘经过上海的轮船把我带到天津。就这样，

---

① 约402.3公里。
② 约1609.3公里。
③ 约16.1公里

我又回到了燕京大学。这次旅行花费的时间比原先计划的要长，以致我耽误了秋季学期一个多月。开学后，当我父亲打电报给司徒雷登查问我时，许多人认为我必定已经被日本人残杀了。我父亲没有收到我从西安发回英国的电报。

重庆，1940年

由于战争，美国方面给燕京大学实行导师制提供的资金准备在1939—1940学年结束，因此我接受了英国大使的提议，成了英国使馆的新闻参赞。

英国大使阿奇博尔德·克拉克－卡尔（Archibald Clark Kerr）先生在英国外交部是一位有特色的杰出人物，他和别的但求平安无事的外交官不同，他尽量了解当时中国各方面的信息。当他第一次来北平时，燕京大学校长司徒雷登给他介绍情况，他们一见如故，马上就成了很好的朋友。克拉克－卡尔大使不把他的活动局限在外交界，而是尽量地和北平不同组织的当事人会谈，包括日本人控制的伪华北政府官员和国民党、共产党的地下秘密工作人员。

一次司徒雷登校长骑马，不知什么东西使马受了惊，他从马上栽下来，头部受了重伤，当时的诊断是他处在极大的危险中。克拉克－卡尔大使闻讯，立刻叫英国使馆给蒋介石送信，因为司徒雷登是蒋的私人朋友（两人都在浙江出生，平时以同乡称呼），但是他的电报被英国使馆中他的部下退了回来，并附

有质问的批语："司徒先生是美国人，给蒋先生送信，是否应经
美国使馆传达？"

新上任以前，我在上海和香港度过了几周，然后飞往重庆。
在这个时期，由于英国和中国共产党的关系已经严重恶化，我
没能和中共重庆办事处的周恩来先生的联络官接触。这是德苏
（纳粹德国–苏联）条约时期，在重庆的共产党报纸《新华日
报》上只是偶然地对希特勒作非常节制的批评，但却经常抨击
同盟国。我经常受命就这些文章向国民政府作官方的抗议。

1940年夏天的重庆，仍然保留着战争最初年代的某些爱国
积极性。但由于很多原因，在后来的年代里气氛变得比较压抑。
工作环境是困难的，部分是因为气候，半夜气温经常还在95华

重庆英国使馆被日机炸毁（1940年）

氏度^①，且湿度很大，部分是因为空袭。最初日本人虽然只是使用高级炸药，并且只造成了有限的损害，可是英国使馆的建筑还是被直接命中了。后来他们改用燃烧弹，以致几乎整个山城重庆都变成了废墟。当时日本人仍然不想惹恼美国，他们遵守着把在南麓的美国使馆周围宣布为安全地带的声明，只是在环绕这一地带的边缘有几次误炸，这就使得美国使馆有可能处在几乎完全安全的状况下，去观察仅仅1英里半^②以外的全面空袭。一对度蜜月的美国夫妇在美国使馆实地观察了重庆的惨状。

日机狂轰滥炸后的重庆（1940年）

---

① 35℃。
② 约2.4公里。

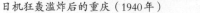

日机狂轰滥炸后的重庆（1940年）　　日机狂轰滥炸后的重庆（1940年）

　　虽然从1939年的一次轰炸造成重大死伤以后，已经在重庆山城的岩石上挖了极好的防空设施，但中国在反击这些轰炸机方面几乎还是毫无办法，他们只有少量的高射炮和一些陈旧的战斗机，坦率地说要比日本的轰炸机落后。但是重庆有一个非常有效的警报系统，第一次警报在轰炸前一个多小时发出，相当于日本的轰炸机离开它们的基地时，第二次警报表明这些轰炸机已向重庆飞来，大约还有十五分钟的航程，这时每个人都应该进入防空洞。在英国大使馆的花园里，我们有一个防空洞，所以每个人都来到防空洞的入口处，在那儿读书或者玩桥牌，直到被派作观察员的人看见飞机已经临近，才进入防空洞。

　　我在英国大使馆短期工作过，得到的印象是：英国官方机构不如中国共产党的机构有效率。有些职员是非常有能力的，但是有的人不适应中国的工作环境。通常他们是一些有才智的和努力工作的人，但却被这种环境完全抑制住了。当侵华日军干涉到英国的利益时，他们负责向日本领事馆的官员提出交涉，然而每个人都明白，日本外务省是完全没有能力去控制军队的。1949年我遇到了在上海领导自由法国运动的依格尔（Egal）先生的儿子。他告诉我，当英国大使在重庆时，在上海的英国当局以他的父亲是属于"反叛"的政府（对纳粹德国控制的法国维希傀儡政府来说，他父亲当然是"反叛"）为借口，拒绝和他父亲交往。当他的父亲在上海法租界被亲维希的当局绑架，并拟送往海防（越南），试图用叛国罪加以审判时，他们也拒绝采取行动。幸而克拉克－卡尔大使一听到这件事，立刻采取行动挽救了依格尔。

后来我看到，在伦敦的许多官员甚至是更没有希望的官僚主义者。当我们需要更多的家具时，英国供给部的工作人员建议我们去拿在南京的原英国使馆里的闲置的家具。取得这些家具在理论上是可能的，但这样做得耽搁很长的时间和花费巨大的费用，需要先获得日本人的允许，才能将它们用船运到上海，再从上海用船运到仰光，最后通过缅滇公路把它们运到重庆。我最津津乐道的关于英国官僚政治的故事，是他们供新闻参赞们用的一种特制的无线电收音机。收音机看上去能给人以深刻的印象，它有着漆成灰色的钢制嵌板，上面装有毫安计，但这种毫安计除了表示输出后的偶次谐波畸变外，毫无用处。有一个变频器用来接收从拉格比（Rugby）市传来的电报新闻广播，但是，在收音机的短波部分却装着一个全波段收音机的最廉价的电路，甚至就按这个标准而言，它也是设计得很差的。在收音机准备好工作时，在10兆赫这个波段上，会有三四个电台信号互相窜动。当伦敦台发射功率最强的时候，它的电讯可以被大使在香港买的普通的收音机很好地接收到，而这种由英国外交部特别设计的收音机，却只有勉强可以听明白的信号，经常连这种信号也会消失得无声无息。

为这件事，我写了一份措辞严厉而详细的报告，提出了一些有关这类收音机设计所需要的建议，并把报告送给在香港的我的上司罗伯特·斯科特（Robert Scott），他又将报告传递到了伦敦。后来，斯科特访问伦敦时，他询问了有关官员是否已经看过我的报告，这位官员明白地答复说，我的批评是非常不合理的，因为他们可以证明，在伦敦，这种收音机可以收到伦敦当地的广播。我的上司要求证实这种收音机是否可以收亚洲的短波电台的广播，但是试了很久还是完全收听不到。这时，他竟大言不惭地说："我们已经送出去了九十多台这样的无线电收音机，而几乎每一个人对这种收音机都牢骚满腹。对此你们能相信吗？"

燕京大学，1940年9月

　　司徒雷登博士希望导师制的试验能继续进行。他要求英国大使允许我回到燕京大学，并且设法为我增加了薪金。戴德华已于1939年离开燕京大学，到美国西雅图担任华盛顿州立大学东方学院的教授兼院长。这样，当1940年我重返燕京大学时，就成了这里唯一的在导师制教学上有实际经验的教授。

　　在中国的十四年抗日战争期间，交战双方邮电通讯交往的渠道从未完全堵死过，这真是奇迹之一。直到1941年12月，双方的人员仍能通过香港往来。甚至再晚些时候，中国人在北平与重庆之间旅行也不十分困难。人们从北平乘火车到郑州，然后步行20英里①左右，穿过一片荒无人烟的地带，就进入了国民政府管辖的地区，这片荒野是1938年黄河泛滥时被洪水冲刷形成的。1942年，燕京大学许多中国教师迁到成都，在中国西南联大等校园里，以燕京大学的名义执教。迟至1943年，人们从北平寄出一封信，可在六周内得到从重庆来的复信。中国邮

---

① 约32.2公里。

政局以其能为中国各地投递信函而自豪，在抗日战争中邮电部
未改变其先前在内战时的做法。

　　1941年5月我与李效黎女士订了婚，她是燕京大学的学生，
曾帮助我做地下工作，我们在1941年6月25日结婚。

　　我的岳父是原山西省军队的退休上校。这个家庭的基业，
是靠一位在清朝做过将军的前辈奠定的，李家自那时起就成了
山西西部离石县城东关的大户。我的岳父因与家中闹翻了脸，
就跑到袁世凯为使中国军队现代化而创立的保定陆军军官学校
就学。他为人过于老实、耿直，在军阀部队中难于青云直上。

林迈可、李效黎结婚照。后排为李效黎父母，旁为男女傧相（1941年）

林迈可、李效黎结婚照（1941年）

结婚盛会（1941年）

我妻子告诉我，他一贯受到下级的爱戴和尊敬，但对他的上级却从来不甚恭顺，并对中国官场由下而上的送礼习惯很反感。他曾一度做过傅作义将军手下的参谋长，但在20世纪30年代初就退休不干了。抗日战争全面爆发后，北平沦陷，但他不敢回家，怕留在家中会被强迫拉去为日伪政权服务。他和我岳母先是到天津，住在当时在中国银行做事的效黎长兄效民处。后来搬到了女儿身边，住在燕京大学东校门外的一个胡同里。

"九一八"日寇强占东三省，在太原的反日示威中，效黎曾是太原女师附属中学的班级代表之一。初三毕业后，这些爱国抗日学生被打成"共产党捣乱分子"，省府决定逮捕他们，一网打尽。山西教育厅厅长冀贡权先生是李家的朋友，在巡警将要动手前，冀先生给李家送信说，如效黎留在山西，她是会被捕的。这样，效黎匆忙离开太原，到北平读完了高中。她的计划是到南京的金陵大学继续深造，但"七七事变"的爆发，使她的这种愿望成了泡影。所幸的是因特殊情况，燕京大学又增加了一次入学考试，在这场考试中效黎居然考上了。

1941年，抗日地下组织的秘密工作步伐加快了。好多次我借用司徒雷登博士的汽车，给游击区运送对抗侵华日军事斗争有用的物资。每次由家出发前，我们自己也做了准备，以防万一，可以和接送物资的游击队员一起逃入山中。我们买了两只帆布背包和可以吹气的橡皮床垫，一些冬装及药品，效黎还在一只木箱中装了10磅①糖、一个5磅②重的牛奶粉罐头、可可粉、一些厚袜子，每次送物资时都带着这些东西，平安回来后再贮藏起来。

一次，城内秘密联系人告诉我，需要我帮助一个人进北平城。我的这位联系人解释说，一旦这个人进了城，就可使用他们从一个日本军官那儿买到手的居住证。眼前的关键是要设法让他通过城门。我说日本人还从来没有拦过我的摩托车，如果他打扮成燕京大学学生的模样，坐在我的车后，我几乎可以肯定能带他通过哨卡，当然他应该明白，在没有通过城门以前，

---

① 约10.5公斤。
② 约2.3公斤。

我们两人都在冒险。实际上，当我们通过城门时，日本兵用相当怀疑的目光盯着我们，可是我的摩托车很好用，一下子就加速跑起来，我料想，即使卫兵真想开枪，我们也已经跑得很远了。后来我才知道，这次送进城的这位大学生模样的青年，就是晋察冀边区的敌占区情报部门负责人王友（后改用现名钟子云）先生。

我们在北平时还有另一段有趣的插曲。一次，我的妻子和我从她父母家出发，去拜访英国使馆的朋友们。当我们从一条小路出来转上大街时，发现每隔一百码左右，就有一个日本士兵端着上了刺刀的枪，警戒着路两侧的郊野。很快我们的车就赶上了一队由一卡车日本兵和一卡车伪警察保护着的轿车队，估计是什么日本高级官员去颐和园或去西苑飞机场。当我们想超过去时，后面车上的伪警察就向我们挥舞他们手中的来复枪，这样我们只好放慢速度。离开车队几百码远，快进城门时，一个带着哨子的日本宪兵跳到我们面前，但只是拦了我们两三分钟。我们穿过城门后，发现大街上完全畅通无阻，车子可以以每小时 70 英里①的速度在北平城穿行，因为马路两侧的小胡同全部被日本兵和伪警察封锁起来了。

1941 年的后几个月，北平的很多人都在期望日美之间开战，这时我想到，如果在晋察冀边区能有一支英国小队为英国军队

---

① 约 112.7 公里。

传送情报那多好。在北平负责英军情报工作的希尔上校（Hill）是我的朋友，他完全赞同我的想法，并提议让他手下的通信主任和我去与聂荣臻将军联系。这个建议得到了聂将军的批准，可是英国陆军部却总是担心不已，问我们是否确知有可供英国谍报队活动的中国人控制的地区，以及诸如此类的傻问题。这样一来二去的延迟下来，最终失去了机会。实际上，盟军从共产党人控制的地区得到情报，是直到1944年7月美军观察组到达延安以后才开始的。如果能更早地从东北（伪满地区）的主要前线得到情报，历史的进程很可能会大为改观。导致西方国家在雅尔塔做出很大让步，以使苏联参加对日作战的因素之一，就是有一种错觉，认为东北的日本关东军非常强大，以致即使日本本土被占领了，关东军也可能会独立抵抗下去。

这段时间，司徒雷登博士正在推行他迁校成都的计划，他要我召集所有的外籍教师开会，弄清谁愿意通过晋察冀边区赴重庆，或者去游击区。当我简略地给他们报告了游击区的情形后，几乎没有人感兴趣。生物学系的鲍茵（Boring）小姐说，她曾在冬季到农村做过旅行，那里早上冷得连茶壶里的水都要结冰。大家总的看法是，美国将有能力在几个月里打败日本，他们宁愿短时间受拘留，也不愿在冬季跑到中国乡村去受罪。仅有的几个愿意离开的人是物理系的班·威廉教授（William Band）、他的妻子克莱尔（Claire），以及新闻系的一位入了中国籍的犹太教授鲁道夫·罗文达（Rudolf Loewenthal）。

逃亡，1941年12月

　　我曾经料想，美国人会有能力使日美战争推迟到海军陆战队撤离中国以后才真正爆发。我约好了星期二去看牙医，并且计划星期三或星期四离开北平。1941年12月8日星期一，早晨，效黎照例起床收听设在上海的英国电台的华语广播，但却收不到这个台，她把我叫下床，我扭来扭去找到了设在上海的德国电台的广播，该台正报道美日两国已经交战。我本来早就准备好必要时冲出去，因为我的房中有一些犯禁的物品，而几位中国朋友曾给了我几支手枪为他们保存，在这样危急的时候正可救急。我们的厨子是住在南校门外的，我问他校园门口有没有日本人，他说一切和往常一样。这样，我就赶紧驾着校长的汽车，带着效黎、班·威廉夫妇和两只装有无线电零件的箱子，从东校门急驰出燕京大学。鲁道夫·罗文达先生当天一早有课，已无法找他。汽车经过青龙桥，在不平的路上颠簸着，绕过温泉的日本岗哨不远，到达了黑龙潭，我们就弃车步行。我们雇了两三个农民挑夫，把我们的行李藏在他们的大筐中，进入了西山地区。我们先投奔一位法国医生贝西尔先生（Boussier）在北安河的山上别墅，这位法国人曾为中国抗日游击队的士兵治过伤。贝西尔医生不在家，管家招待我们吃了中饭，他把我们当作主人的客人来招待。随后我告诉他，我们只是间接地认识贝西尔医生，并且急需帮助，和八路军取得联系。管家一听，显出极其害怕的神情，他要我们赶快离开，并急忙给我们找来了几个背夫。在他们的带领下，我们钻入了更深的山林中，太阳快落山时，我们到了关儿岭另一位法国人蓝先生的别墅。这里的管家夫妇也当我们是蓝先生夫妇的客人，招待我们吃了丰盛的晚餐，并向我们道歉说，因预先没得到通知，所以床铺没有准备好，请我们稍等，一切都会很快收拾停当的。这时，我想的是如何能逃出日本人的追击，不能再压着内心的急切想法了。于是效黎就把管家拉到一旁，告诉他美国和日本已经宣战并打起来了，所以他一定得想法把我们送到大山中日本鬼子不易搜查的地方。效黎还着重告诉他，为了他的安全，他非帮我们不可，如果日本人知道我们曾经来过，他也会受连累的。这样就使他知道，出卖我们也会给他带来危险，唯一的上策是帮我们和八路军游击队取得联系，跟着他们翻山溜掉。效黎很耐心地向他讲述了目前的处境，最后他一切都听懂了。他说他出去一下就来，我们也只好听天由命了。班·威廉夫妇突然害怕他是去告密的，神情显得特别焦急，但效黎安慰他们，并很有把握地保证他是去寻求帮助的，因为她很了解老百姓。

不一会儿，一个年轻人进来了，他要了解一些太平洋战争的情形，效黎就把头一天早晨日本人袭击美国珍珠港①，以及日美已正式开战的消息告诉了他。他听完立刻站起来，答应帮助我们，出去一会儿后，带了一位老人进来。老人姓赵，很性急地要知道一切，效黎又说了一遍战争情势。他又试探我们对日本侵略军的态度，时时显出担心我们是敌人间谍的神情，还问了我们为什么要找八路军等问题。对于这些，效黎都给了他极满意的答复。当他听说我曾去过游击区，见过八路军的聂荣臻、萧克等将军时，他不但完全信了效黎告诉他的一切，而且对我肃然起敬。效黎把这一切都用英语告诉了班·威廉夫妇，于是，他们紧张的神经放松下来。

赵先生很有把握地说，他会保护我们，和他在一起，日本鬼子是抓不到我们的。他很懊恼地说，八路军侦察队那天早上刚撤走了，不然我们可以跟他们到根据地去。我们原来请的背夫居然都还在，在黑夜中，我们越过了一个山头，虽然我们爬山越岭觉得特别吃力，万幸距离并不太远，最后我们到了一座叫龙泉寺的庙中。赵先生胸有成竹地告诉我们说："日本人夜里决不敢到山的这一边来，白天他们一出动，我们的秘密哨兵很快就会传上话来。这一带的山岭沟渠我极熟悉，我会尽早带你们转移，隐藏到安全的地方去。"后来我知悉，这位充满活力的赵先生是伪政府控制下的山底村子里的伪村长，明里他是为敌

① 1941年12月7日晨，日本未经宣战，以海空军突然偷袭美国在太平洋的主要海空军基地珍珠港，美国太平洋舰队遭受惨重损失。次日美国向日本宣战，太平洋战争从此开始。——译注

人服务，暗里却是和中国游击队同心合力，要把日本侵略军赶出中国。最有意思的是先于赵先生出现在我们面前的那位年轻人，原来是贝西尔医生管家的亲兄弟，是八路军的地下工作者，他的哥哥也是秘密工作者。

我们和老乡合住在一间点着油灯的大房间内，他们在一个大炕上，我们在对面的另一个大炕上，过了逃出燕京大学的第一夜。

第二天我们起床前，赵村长已派人一面去跟八路军联络，一面去西郊打听燕京大学的消息。打听燕京大学消息的老乡先回来，他顺便买了大米、猪肉和萝卜回来。他听北安河地方的人说，留在黑龙潭的汽车仍在那儿，并没有发现日本人追缉查问，我们心里放松了些；但是与八路军联络的人未回来，我们仍很焦急，心情十分忐忑，一直到天快黑时，联络的人回来了，并且带了一封信回来。信的大意是：亲爱的国际朋友们，我代表我的侦察队欢迎你们。现在，日本鬼子不仅是我们的敌人，同时也是美国人和英国人的敌人，这种新局面，使中国抗日军队和你们更紧密了。我们真诚合作，一定可以打垮他们。今天子夜，我们会派人去接你们，子夜前请好好休息。信后的签名是一位名叫安性存的女士。这真使我们喜出望外。

我们和赵村长等三四个人吃了一顿丰盛的晚餐，然后收拾行囊，躺下睡觉休息，赵村长替我们等候来人。半夜时分，蒙眬中听见有人进屋。原来来的人是我们过去送物资的接收人肖芳（肖再田的弟弟）先生，我们简直高兴极了。到现在，一切

林迈可夫妇借住过的野山坡农舍（1941年）

疑团都可以烟消云散了。肖芳要我们立刻出发，离开敌占区愈远愈好。那夜月光皎洁，夜行军不太困难，我们得绕着妙峰山走，因为山头上的庙宇里有日本驻军。行到山的高处，回头可以看到远处北平城里的灯火闪烁。天快亮的时候，我们走到了山中唯一的一间农舍，屋内炕上已有二十八九位游击队员在休息。这是我们遇到的第一支八路军部队，我们一看到他们，顿时忘了疲劳，只管把知道的新闻告诉他们，他们听得津津有味，大家都感到兴奋极了。

　　这个农舍的主人是位老大娘，她是这一带游击队员的干妈。她二十四小时都接待游击队员，对我们也一样。我们一到，她就马上给我们弄热稀饭吃。我们得待到午后才动身，因为这样，靠近敌人碉堡时会是深夜，比较安全。

我们走了两天，有时白天赶路，但大半路程还是在夜里摸黑走的。第二天晚上肖芳告诉我们说，已经离开了日本人控制区。我们在一个小村庄歇了歇脚，吃了早饭，再去一个更深入山地游击区的比较大的村庄住宿。这里有较多的八路军游击队驻扎。一进村，就有一些老乡和士兵把我们围起来，这是他们第一次看见大鼻子、蓝眼睛的西洋人。他们领我们到了一间有暖炕的房中，看样子是士兵特意为我们让出来的。奇怪的是房里还有一台小型收音机供我们使用。我们走近一看，马上就认出那是我在燕京大学装好的一台带短波的模型机，是和能做九台同样收音机的零件一起送出来的。我们架起天线收听了伦敦

林迈可夫妇逃出北平后和第一次遇到的八路军游击队在一起（1941年）

英国广播公司的新闻，日本人居然在太平洋推进得很快。肖芳带我和效黎去把新闻详细地告诉了部队的人，我们还和他们一起讨论了国际形势及中日战争的新局面。这天晚上，我们睡了一个真正无忧无虑的平安觉。

休息了两三天又僵又痛的腰腿，肖芳通知我们要转移到别处去，因为村子里的部队接到命令要转移阵地，我们的目标太大，没有军队

野山坡农舍主人一家（1941年）

的保护，不是太安全，所以让我们随部队行动。快天黑时，我们从村中向山沟进发，很多村民送我们出村。部队的人也把无线电收音机交给我，因为听了短波外国广播，效黎可以用中文告诉部队的人有关太平洋的战争新闻。

后来我们听说，那天我们从燕京大学逃出后仅十分钟，日本宪兵队就闯到燕京大学燕园南大地63号我们家来了。由于他们没有想到我们会逃走，所以他们仅在学校就花了好几天的工夫审问我们所有的朋友，并威胁他们，如果窝藏我们就是犯了大罪。因为日本人认为我是国际大间谍，捉住我要在军事法庭审判并枪毙。

　　等到我们真正心情安定下来，我才发现我虽带着刮胡刀，却没带刀片，带着烟斗却忘了烟丝，衬衣的活领子也没安上。效黎则把她原来准备在紧急情况下随身携带的首饰和钱也丢在家中了。由于无所事事，我们一天要睡上大约14个小时，这期间我还发过一次高烧。

　　因为要到根据地还得穿越侵华日军封锁线才行，结果我们在山沟康家住了两个多星期。直到一支部队要开到平西根据地去，能保护我们通过封锁线时，我们才离开了这山景极美的康家茅屋。一星期后，我们到了平西根据地。

林迈可夫妇在这
个深山茅屋中住过两
星期（1941年）

过永定河（1941年）

过永定河（1941年）

平西，1942年1月—3月

　　新年过后，我们被请到平西政治部（离平西司令部只有两里路左右）。政治部潘主任是广东人，棕色脸、高个子。原来，他就是我们在燕京大学的联系人对我们说到的一位游击区高级干部。因为他腿上中了子弹，要到北平医院动手术把子弹取出来，进城以后也许需要我们掩护。我们回答说好极了，欢迎他来做客。就因为这点未见面的介绍，使我们一见如故。

　　午饭前，村中开了个欢迎我们的群众大会。我们每人都讲了话，感谢八路军保护我们安全到达了根据地。接着地方的群众代表讲了话。大家都对打败日本侵略者极有信心。在中国穷乡僻壤的老百姓，居然能大谈抗日国事，人民的政治意识的进步，使刚从北平日本占领区出来的效黎感到惊奇不已。

　　嗣后，我们来到了萧克将军的司令部所在地，在那里，我们逗留了两个多月，与萧克将军夫妇成了好朋友。效黎看到萧将军如此和善并文质彬彬，感到很惊讶。因为这位与贺龙将军并称为"龙虎二将"的"虎"将军和她想象的无比威严不一样。在内战时，效黎他们这代年轻人听说过"朱毛"（朱德、毛泽东）和贺龙，当时国民党的宣传对他们都大肆诬蔑。另外贺龙这个名字让人联想到传说中河海里的巨龙。

我们在这里还碰到了当年我用摩托车带进北平城的王友（钟子云）先生。他住在五里外的一个村子里，我们去他那里聊过好几次天。通讯部电台所在的村子离我们很近，我开始去电台工作。我逃出北平时带了一只万能测量表和一支计算尺，结果它们成了这个根据地里仅有的宝贝。

经过了一段奔波动荡的日子，现在在平西司令部的生活相对安逸多了，我们可以悠闲地从衣服上捉虱子了。供给部给我们发了过冬用的棉制服。住的屋子是村里人让出来的，窗户是纸糊的，天花板是用高粱秆扎架后再糊上纸做成的。到了晚上，老鼠就在天花板上面窜来窜去啃糨糊吃。一次，隔壁房里竟有一只老鼠从上面掉下来，砸在正在睡觉的傅莱大夫（Frey）的脸上。我们在那里吃得很不错，肯定比后来被日本人拘留在山东潍县集中营的外国人生活得舒服多了。有一回，附近专员公署的朱其文专员请我们吃饭，我吃到了以前从未尝到过的味道绝佳的中国肴馔，几种野鸡烹调得更是别有风味。朱专员回答我们的夸奖时说，做饭的厨师曾在北平一家很有名的饭店掌过勺。他做了至少有十五道菜，其中包括用六七种不同烹调方法烧的当地野鸡。

以后我们受到了多处招待，发觉地方上的行政机关里似乎总是有比较好的厨师。还有一回在平西司令部吃饭，有一盘肉炖得非常香嫩，仿佛是小羊肉，但谁也说不出到底是什么肉。

萧克将军领导的平西军区司令部开大会（1941年）

后来效黎碰到了厨师，他听说我们猜不出来，很有几分得意，最后告诉她，那是狗肉，就是那条一直养在伙房的肥狗。

我们住在平西司令部时，还来了三个从北平逃出来的外国人。先来的两个人，一个是在北平电器公司工作的荷兰工程师布朗杰斯特先生（Brondgeest），另一个是海关署一位法国官员的儿子，叫当舒（D'Anjou）。平西司令部为他们的到来举行了欢迎宴会，菜中有炸鸡蛋上撒白糖，这两样东西在当时都是匮乏物品。厨师极想知道外国朋友们是否欣赏他的手艺，我妻子告诉他，除了炸鸡蛋撒白糖外，其他菜他们都非常喜欢。这使他大惑不解，因为他知道外国人很喜欢吃鸡蛋，又比中国人爱吃甜食，所以他原来断定炸鸡蛋撒白糖一定会大受欢迎的。可爱的好心厨师，可是不了解外国人的习惯！

第三个来客是从天津一家医院来的奥地利人傅莱大夫，他身高6英尺3英寸①，有一双大脚。当他跋山涉水多日，终于到了晓峰口时，他的靴子开绽了，参谋长要了他的鞋子的尺寸，让后勤部找老乡为他做几双中式鞋。不想地方供应站的妇女们不相信有人可能长这么大的脚，拒绝给他做鞋。后来，当我们到达第一军分区时，大家决心为他搞双大鞋，并围着他的靴子边画了样，结果竟做了一双近18英寸②长的大鞋。最后第三次想方设法，才使他有了可穿的鞋。抗日战争时，抗日民主根据地的八路军部队一般穿的鞋都是完全用布制成的，农村的妇女救国会主要负责动员妇女供应部队布鞋，她们把旧衣服用来做鞋底，即用糨糊把许多层布粘在一起，再用麻绳密密麻麻地缝上，有半英寸③厚，鞋帮则完全用新布，棉鞋则在内里絮些棉花防寒。这样的鞋子根本不防水，但除了在夏季，其他时候这是无关紧要的。布鞋穿起来极舒服，行军更是轻便。

---

① 约1.9米。
② 约45.7厘米。
③ 约1.2厘米。

八路军部队的体育活动（1942年）

根据地用土法造纸，保证纸张供应（1942年）

根据地军民看文艺表演（1942年）

效黎和农民在一起（1942年）

用针灸治病的老大娘（1942年）

八路军部队的文艺表演（1942年）

傅莱大夫夫妇

国际友人及日本战俘学校的学生（1942年）

日本战俘学校的学生在休息娱乐（1942年）

到第一军分区, 1942年4月

　　春天我们离开平西到第一军分区。路上要穿过一条侵华日军控制的公路，我们平安无事地通过了。在那种没有大路的条件下，根据地为我们的旅行所做的安排非常好。在经常通行的路线上，为公事上路的工作人员，都安排有地方可以停留、休息。我们特别喜欢经过温塘，那里有两个洗澡池，一个是男池，一个是女池，池中的含硫磺的水很烫，人只能一点一点地浸入。在这里休息几天后，我彻底治好了我手指间的疥疮。但也有些地方我还不习惯，我感到温塘招待所的主人过于恪守中国的一套旧礼节。我们第一夜到温塘，晚餐吃的是烙饼，即一种用白面做的糕饼，这是普通农民的家常饭。他为此深表歉意，并说早餐要给我们做鸡蛋烙饼。当我说我很喜欢烙饼，并觉得若掺上鸡蛋会难吃时，他怎么也不肯相信，结果第二天早餐他真做了鸡蛋烙饼，我只是出于礼貌吃了一点。后来有一次我们冬天过温塘，尽管我们说炕已烧得很暖了，这位主人却以为我们讲客气，坚持添了更多的木柴，结果半夜时炕席和被褥都给烤糊了。当然，这些都是主人的好意。我初来边区，不习惯中国的旧礼节，所以态度可能很生硬。

　　这里顺便说说流动后勤队。这个部门的工作做得很出色。边区的赋税主要靠农民交粮食，没有粮站的村子，农民要负责把税粮送到地方粮站去。每个单位的流动后勤干部，带着发放的各种定量为半天11盎司①的"粮票"到各村筹粮。不管到哪个村，他都可以靠这种

效黎在行军中（1942年）

"粮票"从村委会换到食品，而村民们也更喜欢这种方法，因为这样可以使他们只要上交一小片纸就行了，这片纸能证明他们纳了税，而无须再自己运送粮食到粮站去。这种赋税制度是在1939年到1942年间逐步改进形成的。1939年时，一些村民对运粮到一些途远路难的地点都有所抱怨，对于政府有时不及时支付粮款也不满意。当有大部队集结，对粮食的需求超过了地方税收时，更需要及时支付粮款。有时，支付粮款有困难，后勤干部们只好为借贷超过税收限额的粮食去谈判交涉。

————————

① 约0.31千克。

印制边区货币的工厂（1938年）

印钞工人在休息（1938年）

印钞工人在工作（1938年）

晋察冀边区银行（1938年）

晋察冀军区政治部救亡群众大会（1942 年）

后勤部门的效率非常高，当我被邀请参观这一部门时，觉得它的工作真是无懈可击。他们的簿记都是用的正规的复式记账法，由此可以很容易地同时结算出钱款和粮食；他们坚持严格遵守条规管理。除了在侵华日军进攻期间各单位都发有供粮证外，其他情况下，所有单位都必须先结算上一个月的账单，才能得到下个月的配给。真正精彩的是后勤部门在侵华日军进攻期间仍能发挥其功用的能力。1943年9月中旬至12月下旬，在侵华日军对主要根据地的一次长时间的进攻中，尽管到处都是日本部队，后勤部门却给每个人发了冬装。我们在气候刚刚转寒时就得到了棉制服，在其他各个不同地区的人们也同样如此。

大部分地方的棉制服包括黄色棉上衣、棉裤和一件棉大衣。除非是遇上刮风天气，否则这些服装是很暖和的。在第二军分区和延安，气候要冷得多，风也大得多，这些地区所发的冬衣是皮袄、皮裤和皮大衣，羊毛朝里，皮子夹在棉布和衬里之间。服装上没有军衔和徽章，但干部的衣服做得较好，可以分辨出来。如同样是羊皮衣，干部的全是长毛羔皮，衬里是绿的。我仍保存着我在延安的冬装，并发现它在天寒地冻时仍能派上用场。延安的服装颜色沿用着中国旧军队的深蓝灰色，不同于黄绿色的前线的服装。

军队和政府机构中的人员，生活上都是实行供给制，工资只有一点零花钱。我们的工资主要用来零花，买烟叶和水果这类东西，在冬季时我们可以买到柿子，夏天则有桃子、梨和中国小枣吃。我回到英国后，税收机关向我问起在中国抗战这些年的收入，当我回答是用每月得多少斤小米来表示时，他们只好作罢。供给制和以粮完税的办法，对于使整个根据地免受通货膨胀的影响起到了重要作用。晋察冀边区的货币虽也有过贬值，但比起国民政府的货币来是强得多了。1944 年，我碰到从重庆来的人，问到两边都有的商品价格时，发现一元晋察冀货币的实际购买力，大约是相同的国民政府货币的四倍。在国民政府管辖区，通货膨胀严重到了连政府官员要想诚实地靠自己的薪金过活也过不去的地步。在共产党管辖区，主要流通系统是以粮食为基础的，货币贬值对于公有经济的影响是微乎其微的，而私人经济主要是自给自足的农业。

1942 年春天，我们迁到了聂荣臻将军的司令部的驻地，一路上我们参观了各种各样的组织。聂将军对我在平西通讯部的工作经历已有所闻，所以就问我是否愿意留下来，在他这里的通讯部做技术顾问。我一下就答应了，并且随后就开始了工作。

吊儿村，1942年5—10月

　　直到1942年10月，我们一直住在吊儿村，它坐落在一个自滹沱河向北延伸的峡谷旁，聂将军的司令部在该村北面四五英里①的地方，通讯部则设在距该村南面大约一英里②的一个村子里。

　　我给部队技术人员讲授无线电工程课。由于我们几乎没有什么书籍可作为教材，很多课程内容不得不从最基本的电学第一定律推演起。为了与冀热辽地区的低功率台站联系，需要一台灵敏度和选择性较好的收报机，我们决定装一台超外差式接收机。在计算电路时，需要求解三个联立的三次幂方程。这一带的数学人才全都投入了这项工作。后来，我们搞到了一本德曼（Terman）的《无线电工程》，进而发现尽管由于不能使用计算尺而使计算工作很费力，在一些数值间含有误差，但我们的公式是正确的。1949年我访问中华人民共和国时，一到天津就

———————————

① 约6.4—8公里。
② 约1.6公里。

很高兴地看到，那些当年我在晋察冀的学生们，如钟夫翔、王士光、林爽等先生，在中国电讯界最高岗位上工作的人中，他们占了很大比例。

我当年还对一些旧收发报机进行了拆卸及重新改装。这种旧式发报设备是一种装在2英尺① 见方、1英尺②厚的大盒子中的简易哈特莱（Hartley）电感耦合振荡器。我们用主控

林迈可在讲无线电课（1942年）

振荡——功率放大线路和接在输出线圈上的对数分流器来调节传感负载。经过重新装修的收发报机虽然几乎没有两台是完全一样的，但却具有比原机强得多的频率稳定性，并能装在体积只有10×8×6英寸③的盒子中。所用的零件，有些是从缴获来的日本机器上拆下来的，但大部分是从那些沦陷城市北平、保定、石家庄等地走私的商人们手中买来的，他们为了牟取高利，甘愿冒风险。

———————

① 约0.61米。
② 约0.3米。
③ 约0.25×0.2×0.15米。

收报机主要由带有两个变压器的双级音频线路及振荡检波器组成，我们一般并不改动它的线路而只是重新组装，使其体积比原来小得多。收报机是以干电池为电源。而发报机则是靠手摇马达供电，这是因为在晋察冀没有其他更好的电源可供使用。我们最好的发报机的功率为25瓦，由于大部分接收站不是在相当近的距离之内，就是在几百英里之外，我们尽可能地把这些发报机的周率范围扩展为2.5—10兆赫。

我可以举一个例子来说明对电台的特殊需要。1943年2月，我帮助正向河北中部深入的吕正操将军的部队安装电台设备，

冀中电台林迈可、江文队长等在工作（1942年）

他们要我搞出一些既可用手摇发电机又可用电池供电的发报机。我指出：发报机用电池很费，而电池既缺又贵。他们回答说，他们有时指挥一个设在驻有侵华日军警备队的村子里的团部，条件不允许手摇发电机的声音传到街上，如果村子里任何一个人不喜欢共产党，他们就可能给侵华日军暗中告密，使这个团指挥所受到毁灭性打击。

1944年夏，美军观察组到达延安，美国人提出为延安提供一些设备来建立一个通讯网，用以传输前方所需的气象信息，我发现美国军队并没有能满足我们需要的任何设备。美式的手摇发电机比我们的好些、轻些，但他们所谓的便携式设备却是些得用吉普车装载的大家伙。他们提供的所有收发报机的主机都重于四十磅，工作周率仅局限在2—3兆赫，而我们的通常是1—4兆赫。

效黎当时也在通讯部工作，是教英语课，因为简单的英语已被用来传输信息，而汉字只能通过四个一组的数码表示。真正熟练的收发报员能通晓标准电码的九千多汉字的奇特的数组，我曾见过收听四字数组并把这些字记下来的报务员。但部队的一般收发报员甚至连一些最基本用语也得依靠电码本干上几小时，而学一点英语就方便多了。人们告诉我，要得到一名不必靠电码本进行数码组和汉字互译的真正的行家，至少需要五年培训时间。用中文打电报还有其他一些麻烦。英文字母形式构成的语言，拼错一个字并不会影响理解原意。汉字就不然了，一个数码错了，就译成完全不同的另一个字了。我在延安时曾

晋察冀军区
自己装的小型电
台（1942年）

听说过发生在新华通讯社的一段趣事。毛泽东主席在一个讲话
中用了一个四字成语"取信于民"，而晋东南接收电文时，把这
四个字的16个数码搞错了，译出的词变成了"由雾出宝"。地
方报纸的编辑对此显而易见的面目全非的文字也未加深究，却
写了一篇社论来解释"由雾出宝"的深刻内在涵义。几个月后，
载有这篇社论的《晋东南日报》传到延安，引起了轩然大波，
直到最后弄清了原委，才告风平浪静。

　　我做的工作和密电码无关，但后来了解到这正是表现共产
党人效率的又一个重要方面。1967年在日本时，我碰到一位当
年在战争时期负责监视敌方通讯的日本人，他告诉我，日本的
密码员仅仅在1941年2月份破译了一次共产党的密码。从而在
将近一年的时间里，日本人得以读懂共产党人的电文，而这正
是共产党部队作战不利的一年。然而，共产党改编了它的密码，
日本人直到战争结束也始终未能破译新编的密码。与此形成鲜

冀中电台全体人员（1942年）

林迈可夫妇和冀
中电台人员一起爬山
（1942年）

明对照的是，国民政府的密电码非常糟糕，日本人在整个战争
时期对之都了如指掌。

中国共产党的战时组织在某些方面效率不是很高，但他们
似乎确实善于在关键部门安排得力人手——比如军队的给养部
和通讯部。

在吊儿村，所有外国人都住在一个大院里，我们把它叫作
"国际饭店"。傅莱大夫很快就离开吊儿村到医院去工作了，但
我们又有了新房客，其中一个是穿着海军军官制服的非常古怪
的法国人乌尔曼先生（Ullman）。他在海军后备役军中干过一段
时间，法国投降后到了北平。他逃离北平的方法也很独特，当

林迈可夫妇在吊儿村（1942年）

他散步的时候，简单地向
日本卫兵解释说他失恋
了，就又毫不费劲地溜出
了北平。失恋倒是真事，
他带着些佛教书及叔本华
的《警世醒言》，跑到潭
柘寺庙中进行反省，在那
里遇到北平八路军地下工
作人员，他们把他护送到
根据地。在吊儿村，他的
卧室的墙上贴满了他写的
诗，这些诗作是他写给那

晋察冀参议会副议长于力和刘克与林迈可夫妇、霍尔先生、布兰尼克小姐在一起（1942年）

班·威廉在平山县议会讲话（1942年）

位最终拒绝了他的女友的。

随后来到"国际饭店"的是纽约花旗银行北平分行的经理霍尔先生（G.M. Hall），一同来的还有一位德国姑娘布兰尼克小姐（Brennecke）。这位小姐在重庆与一位在美孚煤油公司供职的美国人订了婚，但是由于当时美国人的家眷正要被送回本国去，所以他们就没有结婚。当她只身到上海度假时，太平洋战争的爆发使她陷入困境。这位小姐虽为德国籍，但无法直接回到重庆未婚夫身边去。她设法与在上海的中共地下组织取得了联系，并被告之从北平启程更容易些。她凭着德国护照轻而易举地到了北平，北平的共产党组织表示愿意为她安排行程，条件是她得帮助美国银行的经理出城。就这样他们乘坐一辆挂着德国国旗的使馆小轿车出了城门。她携带了几箱子行李——很多衣物，一个电熨斗，还有一幅她未婚夫的放大像，放在镶有银边的镜框中。当聂荣臻将军得知她带着如此沉重的行装时，坚持认为她只能带一个背夫可以背动的东西，决不能带这么一大堆累赘，否则穿越侵华日军封锁线的风险太大。她只好忍痛割爱，把东西送给地方话剧团，话剧团因此喜获各式各样的西式服装。

在学中文吃力这一点上，霍尔先生与白求恩医生就像一对孪生兄弟。由于无所事事，霍尔每天花好几个小时上中文课，由效黎教，但他的耳朵几乎很难辨别汉字的发音，当他问效黎，我们是否每天都打死许多房顶上的"杏儿"时，效黎开始纳闷不已，后来一核对才知道，原来他把"杏儿"和"蝎子"给弄混了。

边区政府
副主任胡仁奎
（1938年）

边区政府主
任委员宋劭文、
实业处处长刘奠
基、晋察冀日报
社长邓拓与林迈
可（1938年）

1942年战事较少。1941年侵华日军曾大举进攻晋察冀边区，1942年则集中兵力到其他地区了。当有小规模空袭时，我们只好搬出院子，到更深的山沟去隐蔽几天。有一次日本人的飞机扫射一个村庄时，打死了几个村民，但这是仅有的一次伤亡事件。日本人极少使用他们的空中力量。

我们在那段时间参加了许多群众大会，看了不少话剧演出，8月1日还到滹沱河南的第四军分区司令部参加了建军节庆祝活动。

我们到边区政府访问了几天。我记得和实业处处长刘奠基先生有一次有趣的谈话。他是边区政府里的国民党成员之一，他对重庆派来的组织者非常不满意。他和他的朋友们曾希望组织一个晋察冀国民党党支部，但是那位组织者却坚持，在那里必须分别成立山西、察哈尔及河北的国民党党支部。当这样的三个党支部在三间同样的小屋里设置起来的时候，实在是很可笑的事。刘先生和他的朋友们曾希望使本地的国民党成为一个群众性政党，从所有的阶级中去吸收党员。而从重庆来的组织者却只从地主和商人中吸收党员。这倒也确实符合列宁主义者的观点，即一个政治党派仅仅只能代表一个特别的阶级，而不能代表全体人民。

农业处告诉了我们一些他们正想去做的事情。他们已经引进了来亨鸡，这种鸡比本地别的鸡下的蛋大并且多，还引进了一些重要农作物的优良品种。他们正打算发展有利于控制本地

第四军分区庆祝建军节（1942年）

农作物病虫害的农药。

政府的工作赢得了民众的有力支持。效黎小的时候是在农村长大的。她发现，在我们居住过的各种小村子里，和人民和睦相处是非常容易的。她获得的一个普遍的印象是：在这里第一次有了一个试图去帮助人民，而不是去剥削人民的政府。

到了10月，同蒲路的情况有了改善，吊儿村的外国人开始各奔东西了。最先走的是布朗杰斯特、当舒和乌尔曼先生，很快霍尔先生和布兰尼克小姐也离开了。

在这里，异国情调的举止仍会显得古怪。1943年当我们到

第四军分
区司令熊伯涛
（1944年）

第二军分区司令部时，司令、参谋长和政委都很乐于与我这个外国人打交道。参谋长说如果我的眼睛的颜色不是灰蓝色，鼻子再小一点儿的话，那我就是一个地道的中国人了。他还讲了以前外国朋友经过时的趣事。当布朗杰斯特、当舒、乌尔曼等人在等待穿越铁路期间，布朗杰斯特抓了只小麻雀，把它当个宝贝驯养起来，乌尔曼看了很嫉妒，就用英文给政委写了封长信，要军队政治部给他也弄个麻雀。

我们结婚后的第一个孩子就要出生了，部队卫生部已为效黎和也即将分娩的宋劭文夫人戴新民女士准备了房间，但当效黎在夜晚到了医务部时，侵华日军正在袭击沙河流域一带，于是她只好转移到坐落在高山中的一个偏僻的小村子里，到这儿得翻过一道被人们称作阎王鼻子沟的山脊。幸好一位曾在北平协和医学院工作过的产科专家在我们的女儿出生前赶到了这里。

宋夫人的小宝宝几天后也降生了。一周以后她们又迁回卫生部所在的村子里，这样我们又可以在一起了。

　　对我来说，要整修那些旧通讯机器，最好的办法莫过于到各个军分区司令部去转转。在晋察冀边区工作最令人满意的事情之一是，如果你能证明自己的某项建议是有益的，你就总能得到支持。这次到处走动去整修机器就是个例子。各方都通力合作，提供零件。我发现各部门都积攒了不少元件，当我的一个学生告诉我，他所在的一个重要党组织有许多电子管时（这在当时是非常紧缺的），我写了一份备忘录，提出，如果这一地区的所有元件都集中到晋察冀军区司令部通讯部来的话，我们就可以再多组装许多台收发报机。

表演刺杀（1942 年）

表演掷手榴弹（1942 年）

第三军分区台长梁骥试验自己的小型电台

晋察冀军区自己装的小型电台（1942年）

为此聂荣臻将军下达了一道命令，要求各部门上报并准备提供这些零散的元件。

在各个军分区司令部的逗留，使我们能够观察到军队系统的工作情况。有些外国作家说部队的指挥军官们与政治官员之间常有摩擦发生，但我们并没有看到这种情况。司令、参谋长和政委在各个方面都非常和谐。由于我们总是与司令部的人员一起用餐，晚上还常在一起坐成一圈聊天，如果他们之间真有一点感情不和，是逃不过效黎的眼睛的。她对中国人的言谈举止上的细微变化都是非常敏感的。

林迈可瞻仰狼牙山五壮士纪念碑（1942年）

狼牙山风光（1942年）

狼牙山烈士纪念碑
（1942年）

狼牙山远眺（1942年）

狼牙山一道观中
的道士（1942 年）

　　我们也能观察到情报系统的工作情况。每天下午黄昏时分，
参谋长就会收到有关所有侵华日军动向的报告。侵华日军兵力
的增减和给养运输情况，都会由在侵华日军要塞附近耕作的农
民报告给邻近的部队，进而通过电话或电报报告给上级司令部。
结果是日本人的偷袭从来不能得逞，除非是很小规模的。日本
人若要大举进犯，他们就需要调集部队，集聚给养，这就使我
们至少能提前一周知道其意图，进而可以隐蔽给养和准备转移。

　　电话系统是以架在木杆上的镀锌铁丝为导线的，而且为了
免受日本人的破坏，这些线都是架在山梁上而不是山谷中。除

非是阴雨天气，一般情况下，大约40英里①以内的电话通讯及
远距离的电报都是可靠的。我们曾试图建立中转系统，但却没
有搞到令人满意的平衡而屏蔽的变压器。

对比之下，日本人的情报系统对中国的力量几乎一无所知。
我们缴获了一张日本人在1943年的作战地图，上面标明的时间
是9月初，即在大举进犯前夕绘制的。但这张图上的绝大部分
情况都是错的。聂荣臻将军的晋察冀军区司令部仍被标在早在4
月份就已迁离的那个村子，而晋察冀军区司令部通讯部却标在
第一军分区司令部。我想我是知道这后一个错误是怎样造成的：
当我在第一军分区司令部整修电台时，来过一个带有很多电池
及其他货物的商人，后来我们才知道这是个日本人的特务，他
一定是向上级报告了我们正在组装电器设备，推断那里是晋察
冀军区司令部通讯部。

---

① 约64.4公里。

回到第一军分区，1942年12月

　　我和效黎带着我们的婴儿爱丽佳（即林海文）来到了第一军分区杨成武将军的司令部。在这儿，我因为牙疼得厉害病了几天。刚好，附近的白求恩医务学校就有一位牙科大夫，他骑了一天的牲口，来为我拔掉了那颗坏牙。

　　在这里，我们还听到了一件令人惊讶的事。杨成武司令部通讯部门的一个负责人从共产党根据地逃到了日本人那里。他诱奸了他的房东家的女儿，还偷走购买的供应物资。他知道自己犯了严重过错，会受到严厉的处罚，所以就投靠了日本人。后来，部队派了几个便衣人员在易县县城把他秘密处决了。1949年，我在北京翻阅

第一军分区抗日救国会女模范（1942年）

冀中军区演出话剧前作剧情介绍（1943年）

以前由日本人控制的日报的合订本，发现有一些有关共产党人开小差和投降变节的报道。其实，这些人只占一个很小的比例，有的说是逃兵，实际上是被俘虏的。

我们在这儿还偶然地见到了一个叫朱占魁的人，他给我们讲了自己的一段非常奇怪的经历。1941年底，他被日本人俘虏了，日本人认为他和绝大多数的共产党高级官员不同，因为后者大都是从中国南方或中部参加红军的，而他是华北本地人，所以日本人曾经绞尽脑汁企图说服他投降。最后，日本人告诉他，不管他愿意不愿意，他们都将宣布任命他为石家庄一个伪军师的师长。结果，他设法跳下了从北京带他去石家庄的火车，并辗转回到了晋察冀根据地。他告诉我，他在北平被关押期间，

第一军分区1943年春节群众庆祝活动（踩高跷）

第一军分区1943年
春节群众庆祝活动（踩
高跷）

白求恩医务学校全体人员（1942年）

日本军官曾非常随便地和他谈到他们的计划。他们说德国人正试图劝说日本人去进攻印度和苏联，但日本人要到占领了澳大利亚以后，才肯这样做。占领了澳大利亚，就使美国丧失了适宜反攻的基地。并且，还能给日本人提供在西伯利亚作战时所需的、制作冬装的羊毛。

　　这些有关侵华日军打算的披露，提出了有趣的另一种历史发展的可能性。如果日本人在征服了缅甸以后，立即进攻印度，而不是等到1944年，那么英国的地位很可能要崩溃。如果在德军全面攻入苏联时，侵华日军也进攻苏联，那么苏联的地位也将会受到极大的削弱。朱占魁说的这些，可能是日本人为让他混入八路军而故意透露的，目的是帮助他隐蔽自己的特务身份。但聂将军一直觉得他形迹可疑，后来得到了证实，对他做了相应的处置。

《晋察冀日报》偶尔报道有某个日本奸细被俘获。但这种情况很少。前面提到的那个侵华日军情报官员说：他有一些间谍在延安，约每月一次从他们那里得到一些情报。但他们提供的这些情报没有什么价值，因为他们没一个是共产党员。他补充说，有关共产党的情报的最好来源是阎锡山。

第三军分区，1943年1—2月

　　我们在第一军分区一直待到1943年1月，然后就启程离开这里。我们先去了第三军分区司令部，后又去了冀中司令部。当时吕将军的部队正在向冀中步步深入。这两个司令部彼此离得很近，附近还有一所白求恩医务学校（简称"白校"），这样我们有机会和部队医务部门的负责人、"白校"校长江一真先生成为好朋友。他曾是白求恩的主要助手，有着非常令人感叹的经历。江一真是福建人，很小就参加了红军。开始时在部队里担任"小鬼"工作（即勤务兵），后来跟着一个被俘的国民党部队的医生学医。以后他又从白求恩那里学到了很多东西。虽然没有经过任何正规的医务训练，但他已成为一名技术熟练的优秀外科医生。有一次江一真和柯棣华大夫（Kotnis）同时作切除阑尾的手术，他们各负责一位病人，结果，他完成手术的时间，比柯棣华少将近一半。柯棣华大夫是由印度国大党派到中国来的，一直在"白校"和国际和平医院工作，白求恩逝世后，他被委任为白求恩国际和平医院院长，1942年因患脑病去世。江一真的酒量和打麻将的技巧都是很有名气的，他打起麻将来手

白求恩医务学校开饭（1942 年）

法伶俐敏捷。

　　当"白校"要转移到另一个地区的时候，第三军分区司令部为江一真和"白校"的其他教职员举行了一个告别宴会，朋友们预先约定，在这个饯行宴会上一定要把江一真灌醉。第二天早晨，我们碰见这个学校的副校长殷大夫，他说他被打搅了一整夜。大约午夜时，黄永胜将军打电话给他说，江一真醉得不省人事了，他们后悔不该那样使劲灌他，担心江会永远醒不来了。殷大夫安慰他们说，不要怕，江一真会醒来的，并建议让江好好睡一觉。到了深夜，又有两次电话打来，说江仍不省人事，而殷大夫也只能重复他刚才的建议。其实，江第二天就恢复过来了。我和殷大夫开玩笑说，如果江一真真的死了，他们怎么交代这件事呢，他们很难把这么一件意外死亡报告成"光荣牺牲"哟！

在共产党组织中，像江一真先生这样的老红军战士，往往比新加入的人员有更多的主动权。这些新加入者多是从北平和天津来的大学生，他们觉得自己是在资产阶级的环境中生活过来的，如果他们与党的主张有任何不同的看法，都无非是由于没有摆脱那些小资产阶级的不良环境的影响。而那些很早就已经把自己的一生都献给了共产主义事业的人，则很自信地认为，他们理所当然是最好的共产党人。并且，如果他们认为党的某些主张是不明智的，也许他们可以试试用不同的方法来解决问题。有一个时期，共产党中央指示所有的根据地都要尽量实现

印度柯棣华大夫的夫人郭庆兰及子柯印华、李效黎及女爱丽佳（1942年）

第三军分区试验缴获的日本掷弹筒（1943 年）

自给自足。部队的医务卫生部门要减少从侵华日军占领的城市和走私商人那里购买药品，并竭力增加当地中药的生产。江一真坚持认为，在当地制药，需要使用正在全力以赴进行抗日的医务力量，其代价是非常昂贵的。何况，同进口药比起来，当地产的药疗效很小，敌后游击区的多数病号患的是疟疾，从外面买来的奎宁，比自己产的药，疗效要大得多。他的意见被采纳了，并因此受到表扬。

值得注意的是，在后方根据地司令部工作的人比在前线打仗的人更容易产生教条主义的倾向。在吕正操司令部驻地期间，我借到了一本毛泽东主席论唯物辩证法的小册子。在所有我读过的这方面的书中，这本书阐述的观点似乎最好。我碰上前不久才从延安开完政治会议的周小舟先生，他问我对这本书有什

第二军分区召开的群众大会（1943年）

么感想，我告诉他，我认为这是一本相当好的书；并说，在
《辩证唯物主义和自然科学》这一章中，毛先生和非马克思主
义者历来所阐明的有关自然科学的观点相同，我提到其中有一
节和爱因斯坦先生讲的很相似。如说，虽然数学定理是完全正
确的，但它解决不了现实社会中的问题。而能够解决现实社会
问题的，又不一定是完全正确的。周小舟因我说毛泽东和非马
克思主义观点一致而感到震惊，为此，我们争论了整整一晚上，
直到我改变了他的这样一种看法，那就是说，同样一个命题，
马克思主义者的阐述就是真理，非马克思主义者的阐述就变成
了谬误。一些一直在听我们争论的人第二天告诉我，他们同意
我在那场争论中表明的观点。

中白岔，1943年5—9月

　　我们回到原来晋察冀的总部所在地时，发现聂荣臻的司令部已经转移到了温塘。通讯部门设在离总部4英里①的一个叫中白岔的村子里。这个地方很穷，可耕地很少，在夏季麦收前，人们不得不吃掺杂着杨树叶的杂粮。为在1943年1月召开晋察冀边区参议会，专门在温塘盖了一座大礼堂，但在1943年的4、5月间被侵华日军的炸弹炸毁。侵华日军对温塘进行了集中轰炸，飞机在经过中白岔村上空时飞得很低，

晋察冀参议会礼堂，1943年为侵华日军所毁（1943年）

_____

① 约6.4公里。

我们不得不在一个小山谷里躲避。班·威廉教授和夫人决定经延安到重庆。班·威廉和我本是仅有的留下来的外国人，在1942年的一段时间里，所有在华北的反对德、日法西斯的同盟国的人都被日本人关进了山东潍县的集中营，他们不太可能跑到晋察冀来。所以有一天听说总部来了一个英国人和一个美国人，我们感到很奇怪，就立即去看他们。他们看到我们很惊慌，那个自称霍金斯（Hawkins）（这是很普通的英国姓）的"英国人"，几乎不会讲英语。其实他们是白俄。他们在北平触犯了什么法，被日本人抓起来，说给他们一个"赎罪"的机会，即如果他们能从共产党地区带回什么有价值的情报来，就饶了他们。他们虽然不会英语，但来到游击根据地后一直很安全，因为没有人能识出他们不会英语，也就没有人能识破他们的真实身份。但是在聂将军的总部，他们碰上了我们，还碰上了赵明先生。赵明曾是燕京大学学生，1939年曾和我从燕京大学旅行到游击区，此时在公安部门工作。后来这两个外国人被判为间谍枪毙了。

温塘大礼堂被日本人炸毁后，班·威廉夫妇再也无法安心教授无线电班的物理学了。他们两位都经受了残酷的战争灾难，两人在英国伦敦的家属，都被德国法西斯的飞机炸死了。因此他们决定尽快离开华北，然后辗转回到英国去。

8月初，聂荣臻将军给他们安排好了到延安的线路及保护他们的部队。临行前，班·威廉夫妇被邀请到军区司令部住几天，我们也被邀一同前往，同时在军区司令部做客的还有吕正操将

妇救会民兵（1943 年）

军和夫人刘沙女士及他们的孩子贝贝，贝贝比爱丽佳小几天，两个孩子在一起玩得可高兴呢。这一次聂将军和夫人张瑞华女士悠闲地和大家聚在一起谈笑，也是很难得的。

班·威廉夫妇是 8 月 6 日离开我们的，以后我们得知聂将军和吕将军也因更重要的任务而离开了前方。

1943 年春天，我用了很多时间试图和在重庆的英国情报部门取得联系。1942 年，在花旗银行经理霍尔先生离开以前，我从白求恩医务学校那儿借来了打字机（这是这个地区唯一的一台），我将根据地各方面的情况写了一份很长的报告，并请霍尔先生把它交给英国的情报部门，如果有可能的话请他们出版，好让游击区以外的人们知道这支抗日的军队。聂将军同意我提出的有关无线电联系的计划，他想霍尔先生约用6个月的时间可到达重庆。从晋察冀到西安，聂将军都极慎重地做了周详的安排。以后我在电台机务室发出了很多次呼叫，但一直没有回音。几周以后，我发现了周恩来先生在重庆的电台呼叫信号，并同他们联系，但他们怕引起同国民政府之间的麻烦，拒绝传递任何音信。1944年重庆办事处的这个电台被国民党当局查封了。驻重庆的美军司令部把与中共的联系交给了一个配有国民党特务人员的电台，这些特务人员属于戴笠将军的一个特务组织，而这个组织专门负责封锁对共产党地区的联系。这个情况，我是在美军观察组到延安后才得知的。它表明了史迪威将军在某些方面极其天真。美国人对我的报告也有各种看法，他们没有把我的报告交给英国。

后来，我听到了许多关于霍尔先生的报告曾引起很大反响的传闻。到1949年，国民政府都一直坚持说，共产党没有抗日，河北完全被侵华日军占领着。而霍尔先生与之相反的报告是有说服力的，因为很难想象一位美国银行经理会是共产党的宣传员。

一直到9月份，我们在中白岔村过得都很平静，偶尔有部队来这里开会或庆功。我们得到了一只非常可爱的小宝贝，这是一只小栗鼠，是我的一个学生送我的。它非常小，而它的妈妈已经跑掉了。小栗鼠长得稍大一点时，我们就让它在房间里跑，

埋地雷（1943 年）

埋地雷（1943年）

可它常常一整天都跑到外头去，到很晚才回来。它很喜欢和爱丽佳一块玩，这时的小爱丽佳刚刚会爬。效黎也得到了几只来亨鸡，这种鸡是农林局刚刚引进到这个地区的，开始时需要给老百姓做许多说服工作，才使他们相信，这种洁白的鸡真的在一年里，除了极短一段时间外，每天都会下一只相当大的蛋。

早在9月初，我们就得到警告，日本人正准备来一次大规模扫荡。电台部门把所有的仪器设备都藏了起来。在月中扫荡开始时，我们转移到大山里，在一个小村子里待了一周左右。这个村只有四五间小茅草屋，叫西木桥村，但这里没有桥，只有一条很窄的，抬脚就能跨过去的溪流。

晋察冀反扫荡动员大会（1943年）

铁道大翻身（1943年）

林迈可、班·威廉在中白岔的住房（1943年）

林迈可住过的房舍为侵华日军所毁

在转移中，1943年9—12月

我们后来转移到第二军分区，住在比较大些的木厂村，这里还驻扎着一个侦察队。我们因为没有什么事情可做，就在附近的农田里，帮助那些正在收获玉米和其他谷物的农民，后来我们知道，他们的主人是当地的地主崔老四。他们送来一大篓新鲜蔬菜，作为礼物送给我们以表示谢忱，有南瓜、萝卜、白菜、大葱，还有一些豆角。

有一天村子里来了一只雕鹰，村民们认出，它是从附近近五台山那边的村子飞来的。按一般的惯例，这种鹰通常会由它们的主人来把它收回去。当地的村民带着这只鹰去山上抓野鸡，我也跟着去过。这是一种很艰苦的活动。一次，这只鹰叼着一只野鸡跑了，我们不得不翻过陡峭的山去追它，可在我们追上它之前，它已经把猎物吃掉了，搞得我们这次打猎很扫兴。

我们这里有一个小小的插曲，它足以表明，八路军对一般老百姓的财产的确是秋毫无犯的。有一天我们的伙夫老王要给我们做烙饼吃。他需要用擀面杖，但在这个村子里只有一根擀面杖，还是一个老太太刚刚用高价买来的，而且拒绝借给外人。

第二军分区侦察队（1943年）

我们的小鬼王成亮、看孩子的保姆王菊子都去借过，可老太太就是不借。老王只好决定改吃别的，借不来就算了。效黎一定要去同这位老太太见见面，并试着借一借擀面杖。她们聊了一会儿，老太太对效黎的遭遇很同情，不但借给她擀面杖，还说尽管来借东西，只要她有，借什么都不成问题。效黎发现，在这个村子里，从城市来的她，比妇救会干部更容易和农民妇女搞好关系。在这个地方，她还学会了不少当地方言。

几个星期以后，侵华日军逼近了木厂村，我们已经及时得到了这个消息。但有一个电话让人琢磨不透。第二军分区司令部后来告诉我们，他们曾命令侦察队和我们一起转移到深山中离敌人远的地方去，并负责保护我们。但是这个侦察队理解错了，以为我们既要跟着他们、受他们保护，而他们作为一个侦察队，还必须得接近敌人。这样矛盾的任务，几乎是无法完美执行的。队长只好分配副队长带领11个人保护我们转移。我们离开村子时，一架日本飞机飞过这个村子的上空，撒了一些传单，向老百姓许诺说，"那些不再抵抗的人将受到优待"。我们向山沟走去，不久就听到远处山谷里的炮声。侦察队副队长等人护送我们到一个小山豁口的南面。我们在那里等了几个小时，听到了从木厂村附近传来的枪声和手榴弹爆炸声。我们的向导要去另一个小村子里找几个人帮我们搬行李，但我说，我们最好把这些东西扔掉并离开这里。于是我们丢掉了自备的大米，但老王坚持带着做饭用的菜刀和其他一些基本的工具和用品。王成亮负责带着爱丽佳，保姆拿着爱丽佳的尿布和饼干，效黎拿着我们的小收音机，而我拿着自己实验用的电仪表和计算尺，以及我们的洗漱用具等生活必需品。我们爬上山，在翻过山顶时，遇见了从另一条路上来的一支八路军文艺工作宣传队。他们的队长问我们的向导，他们是否有时间翻

李效黎等在反扫荡中行军（1943年）

第二军分区侦察队（1943年）

过那个主要的山，正商量时，在前面翻到山的另一边的侦察队
战士们向在一百码开外的侵华日军开了火，在交战中，大约有
十人被打死。

其他的人都由山顶向南冲去。我们的向导则带着我们往东
进入山里，到夜晚，把我们领进了一个小村子。日本人从未来
过这里，这个村子虽小，却比较富裕，全村只有兄弟三家，仍
然点煤油灯。而其他地方早就只能点小油灯了。拂晓，我们转
移到山顶时，听到了炮声，我们立即趴在地上不作声。天黑以
后，又回到这个村子。这天，我们同部队失去了联系，也听不

到任何关于侵华日军行动的消息，副队长和我们的向导建议在天亮以前离开这里。我们从一条又小又陡的悬崖路向下走，走了半小时的路以后，一个男人跑来告诉我们，除了我们刚走过的这条路外，侵华日军已在黎明前从进村的另两条路进入了那个村子。

几天后，我们又和部队联系上了。实际上，如果没有一个当地民兵做向导，告诉自己人哪条路上有地雷，往大山里转移是很不安全的。

我们遇见了一部分第二军分区司令部的人。他们来送我们去参加另一转移大队，该队包括一些正在转移的非战斗人员。

林迈可等在
反扫荡中暂住过
的山村（1943年）

很幸运的是，我们没有赶上。后来我们知道，这一队人遭到了侵华日军的伏击，绝大多数转移的非战斗人员包括孩子都逃出了敌人的毒手，但是一位吴部长的婴儿和一个村民的婴儿被敌人残忍地杀害了。负责保护我们的侦察队副队长决定争取和侦察队取得联系。这天下午，我们来到一个荒凉的小村子里，发现在一间房子里有一锅热气腾腾的、刚做好的小米饭，这是住在这村里的别的部队做的，他们没来得及吃就转移了。我们大家像一群饿狼似的，一会儿就都吃完了。不久，村头响起了枪声，我们的向导听出是中国人的步枪，于是我们迅速向那个方向奔去，于是我们找到了侦察队。此后，完全由正队长负责保护我们转移，他虽然个子小，但很精干，并且和进犯的日本鬼子斗起智来也很能出奇制胜。我今天还活着，能从那场游击战中保全了性命，应该归功于他。

我们后来转移到大山中，中间经过一个很荒凉的村庄，这是日本鬼子故意制造的无人区。村子的四周都是不能耕种的地。日本人曾宣称过某些地区是"无人区"，在这种地方，他们见人就开枪。所以，老百姓不得不住到山边的小茅草房里，只有一条布满地雷而且又极其难走的小路通到那里。八路军不会踩中地雷，这得归功于住在茅草房里的村民向导。

第二军分区，1943年12月—1944年1月

当听说侵华日军开始撤退时，我们已经转移到了第二军分区司令部。在整个转移过程中我们经过了好几个村子。爱丽佳睡得很香，绝大部分时间她都得由我们抱着，因为她夜里常被惊醒，而且她睡觉时胳膊伸得老长，占了许多地方，可是当时常常是10人左右睡在一条炕上。在一般的情形下，我们住的可能是这个被日本人烧过的村子里唯一有炕有屋顶的房子。

我们在第二军分区司令部待了几个星期，这里的食宿条件很不错。在此期间我帮助他们重新安装和改进了这个军分区电台的收发报机。我们吃惊地发现，虽然日本人来过这里，但这个村子几乎没有什么被毁坏的地方。有人告诉我们，这是由于当地民兵非常有效地使用了地雷，日本人走后，民兵发现有30多个地雷在村的周围爆炸了。日本人担心进到村子里面太危险，只好离开，仅仅烧了一两间村边的房子。这个民兵队在庆祝这次反扫荡胜利的大会上受到了表扬，他们的队员被派到其他民兵队去作巡回技术指导。

我们也看到了减租减息运动中的一些情况。我们在这儿参

加了一次审判会，它和后来的人民法庭实质上很不相同，但在形式上极为相似，法庭允许地主对那些谴责他地租过高的指控进行辩解。在我们从第二军分区回到军区的第一天的晚上，我们看到了我们曾在他地里帮着干过活的那个姓崔的地主。他因被控告收租过高而被判有罪，他不反对这个裁决，但他抱怨说，这次运动是不公平的。他说地租是按征税估产的标准收的，但实际上，那年的收成相当不好，到日本人扫荡时，收成的粮食还不够交地租。但他没有能力把该退的地租退还给农民，因此，他要求让他用土地偿还佃户。大部分佃户同意这样做，只有一两户坚持要付还粮食，否则要把土地的价格降得很低很低。几周以后，我们见到这个地区代表大会的负责人，把这个地主的事情告诉了他们。共产党的委员坚持说："艰苦的时期也应有严厉的法律。"但另一些人则认为，这次运动似乎是有不公平的地方，说他们要派一个调查小组到这个地区去。

我们在回军区司令部的路上，经过了我们住过的中白岔村，可惜日本人已把这个村烧毁了。司令部和通讯部门已转移到沙河的北面。

在1943年这段时间，共产党和国民党之间的关系恶化了，国民党调动大批部队在胡宗南将军率领下到了延安的南面。而共产党与此相反，派贺龙将军的部队到了抗日最前线，吕正操将军则转移到贺龙以前在山西的根据地晋西北地区。

1944年

　　1944年初，我们回到晋察冀军区司令部不久，我就已经把所有能用的元件，都用在建造新的仪器设备上了，而且，我教给了几乎所有电台技术人员所必需的数学知识。我强烈地感到，共产党地区处于一种同外界完全隔绝的状态，这不利于发挥同盟国在中国战场上起的作用。我一直在思考怎样打破国民党的这种情报封锁。如果我想在同英、美驻重庆的机构建立联系上有新的进展，在延安将比在晋察冀有更多的机会实现我的想法。因此，我向军区司令部唐延杰参谋长提出，我们要到延安去。

第二军分区表扬战斗英雄

第二军分区庆祝反扫荡胜利（1944年）

第二军分区庆祝反扫
荡胜利（1944年）

第二军分区庆祝反扫荡胜利（1944年）

晋察冀军区司令部在阜平挖窑洞住宿（1944年）

晋察冀边区参议会
成立一周年、边区政府
成立六周年大会。成仿
吾议长讲话（1944年）

成仿吾议长和夫人张琳以及他们的孩子（1944年）

边区参议会于力副议长，阎力宣、安宅仁、陈一凡议员，张明远秘书长，王斐然高级法院院长（1944年）

边区参议会女议员（1944年）

第二军分区减租减息大会（1944年）

减租减息下的市场（1944年）

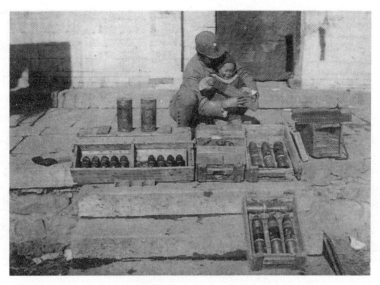

缴获的侵华日军弹药（1944年）

第二军分区负责人和村中老乡交谈（1944年）

第二军分区的群众在被日寇破坏的废墟上挖找坚壁的物品（1944年）

晋察冀边区抗日烈士陵园揭幕

晋察冀边区抗日烈士陵园全景

晋察冀边区抗日烈士陵园正门

晋察冀边区抗日烈士陵园烈士纪念碑

烈士墓地

中共北岳区委向抗日烈士敬献花圈

烈士陵园被日寇在扫荡中摧毁

白求恩大夫纪
念公墓与晋察冀边
区抗日烈士陵园

白求恩大夫纪念公墓

去延安，1944年4—5月

4月初，我们随着一支去陕甘宁边区的训练团上路了。这支队伍由老东北抗日骑兵队李队长带领。我们先向西北方向走，进入了非常荒凉的山区，这里的主要农作物是莜麦和马铃薯。虽然我们的队伍中绝大多数人是外来的，不喜欢吃莜麦面和马铃薯，但我和效黎却相当满意，在她的老家一带，莜麦面是很普遍的主食。而我也是吃莜麦长大的，莜麦是苏格兰的主食。我觉得绝大多数中国人在吃马铃薯时唯一的不足，就是他们不知道做马铃薯要煮多长时间，马铃薯香美的味道要长时间煮熟，才会出来。

从晋察冀到晋绥根据地，我们必须通过侵华日军的三条封锁线。第一条

林迈可夫妇从晋察冀向延安出发（1944年）

是滹沱河上游地区的公
路。从这里，我们进入了
向西南伸延的山顶，山顶
上还留有残垣断壁的长城
遗迹。这里不像南口长城
那样通常会有人去观光，
只有很少的一些6英尺①
多高的土墩。接着，我们
通过了雁门关所在的山
岭，这儿的封锁线是一条
由日本人的碉堡把守的公
路。最后，我们到达了同
蒲铁路线。这是最难通过

护送林迈可等的部队的李队长（1944年）

的封锁线。幸运的是李队长是一位极有才干的军官，非常善于
判断侵华日军的行动迹象，从而很精确地安排我们行动的时间。
而跟在我们后面的一支部队的司令员就缺少点李队长这种果敢
决断的才能，他们拂晓刚刚到达铁路时，就与侵华日军遭遇，
蒙受了伤亡。

　　通过铁路这天的一大早，大约在六点钟之前，我们就出发
了，一直走到下午三点左右才停下来，在一个村庄休息、吃饭，
等到夜幕降下，才可能偷渡敌人的封锁线。天黑前开始下雨，四

────────────

① 约1.8米。

到达宁武附近（1944年）

周漆黑，伸手不见五指，我们行军时要一个紧跟一个，后一个人紧攥着前面一个人的皮带，排成一条线。李队长估计，侵华日军可能知道他的四百人的队伍的行踪，在等着我们从两个据点的正中间过去。因此，他选择了离日本人的一个据点很近的、紧挨着宁武县城的那段铁路，带领部队跨过。铁路被车站上一辆火车头的探照灯照得很亮，特别刺眼，也使我们担心是否会暴露我们的行踪。所幸我们安全过了铁路。接着向前进到往西的高山小道上。到了早晨，我们爬上了被雪覆盖的山腰。中午以后我们停下休息了几个小时，李队长说，这里还不是安全之地，我们没等到天黑就继续赶路了。夜里我们找到了一个非常安全的地方才驻下。大家累得精疲力竭，但可以放心地睡一觉了。

　　山西西北部同其他地区很不相同，常年积雪，地面仍旧覆盖着大片杉树林。但有的地方也能明显地看出由砍伐森林造成的侵蚀痕迹。在山谷的上游，山腰仍保留着森林，谷底有一条很窄的河床，两边则是农田。但在山谷的下游森林已被毁掉了，被挟带沙石的洪水冲成了一片平坦的地带。

　　李队长估计，侵华日军会企图在通过大森林中部的那条小路上伏击我们，因此，他领我们紧靠着山下面一个日本人把守的县城边缘绕着走。后来我们知道，他的估计是完全对的，一

小分队在前进

从晋绥军区司令部到黄河途中（1944年）

支侵华日军部队在这个大山森林里的铁路封锁线等了将近一周的时间，可是我们没有从那里过。

最后，我们到达了晋绥司令部，它设在一个已经部分毁坏的县城里。我们很高兴能再次见到吕正操将军。爱丽佳高兴地和他的小儿子贝贝玩，他们俩年龄差不多。一周以后，我们不得不再次启程，旅途中有一段真让我们毛骨悚然，我们要通过一条已结了冰的河流，这是唯一的一条路。我们只有在非常滑的冰面上铺上土，人和骡子才能过去。

我们来到了黄河岸边，乘坐大木船渡过这华北第一大河。令人惊讶的是，在黄河西岸，是一幅从来没有经过战斗的景象，这里的城镇和村庄都完好无损。第二天我们到达了绥德，这里

过黄河（1944年）

驻扎着旅司令部，一位官员告诉我们：我们刚刚错过了一辆去延安的卡车。于是我们不得不决定是等另一辆车（那样用一天时间就可到达延安），还是马上步行去（那样120英里[①]路要花一周时间）。

当我们被介绍给负责绥德地区的军官时，我问他能否给延安发一份电报，问一下什么时候能再有卡车到这里来。他回答，他是很乐意这样做的，但可能没有什么用处，因为延安方面是不会回电报的。如果他有任何紧急的事情，都是派一个通讯员骑马去。我问他，如果日本人发动一场进攻，越过了黄河，他得到的指示难道也仅仅是由通讯员送达的吗？他回答说：他们得到的指示当然是电报发来的，但在毛泽东主席的桌上，来自各个共产党地区的信件堆了好高，因此我们不能指望他回答下次卡车何时到绥德的事。我当时的反应是，如果一封关于下次卡车何时到绥德的电报需要放到毛泽东先生的桌上，那么延安的办事机关肯定是毫无效率的了。这位军人对竟有人敢批评党的最高权威表现出很恼火。

我们决定等车。爱丽佳不太舒服，我们一直在尽可能地让她得到适当的治疗，我们觉得在一个安宁的环境里休息休息，比继续跋涉要好一些。我们被安置在一个招待所里，效黎和我对这儿很满意，我们还能四处看看。然而我们的小鬼宋为明和爱丽佳的保姆张淑环却觉得，应该让我们住在司令部。两天以

---

① 约193.1公里。

从绥德到延安的公路上（1944年）

后，萧克将军来了，并邀请我们搬进了司令部。萧克夫妇和我
们一同去看了一出京剧《荆轲刺秦王》。

　　大约过了一周后，另一辆卡车来了，我们同一个大部分是
妇女和孩子的队伍一起登上了去延安的卡车。但因为下雨，公
路泥泞，我们仍然走了几乎一星期。有好几次汽车都陷进了很
深的泥坑里，我们不得不到附近的村子里动员人来帮我们把车
拖出来。最后，司机决定等路干了再走。我们发现，虽然现在
是在冬小麦收获之前，是一年里最缺粮食的季节，但这个村的
老乡仍然吃白面，而且，我们还在一个村子里发现有个男人用
谷物喂猪。

延安，1944年5月—1945年11月

　　回想起来，我们在延安的生活很有意思。我们被安排在交际处，这里成了我们在延安18个月的住处。

　　虽然已是5月末了，在延安仍然很少有春天的气息。人们可以看到城墙被狂轰滥炸过的痕迹，城里已差不多成为废墟。我们住进交际处后，交际处金处长带着我们到附近观看。一座正处在城门里的院子已经改建成排球场，这里有一个大而舒适的饭厅，远处是层层的小山，以及在黄色的山坡上开凿出来的一排排的窑洞——这是延安传统式的住房。不久，两间这样的窑洞成了我们的生活场所，一间做卧房，一间为工作室。每

飞机飞过延安宝塔山（1944年）

延安风光（1944年）

间大约有4码^①宽，6到8码^②长，窑洞的中间有5码^③高，窑洞的前部几乎都是用糨糊把纸粘在木头框子上的门和窗，窑洞里有一张大写字台和几把椅子，都漆得很亮。金先生自豪地告诉我们，这些都是本地制造的，这种桐油漆也相当耐脏，不怕热水烫。

到延安的前一站为绥德，在那里爱丽佳的保姆张淑环很快就和部队剧团的团长相爱了，并希望留在绥德。一位负责同志告诉效黎，我们是在军队的组织中，保姆有责任服从命令，完成和我们到达延安的任务。但是效黎极同情保姆的处境，还是让她遂心所愿了。

① 约3.7米。
② 约5.5—7.3米。
③ 约4.6米。

延安交际处的小朋友（1944年）

到延安后，我们发现那里的男女人数比例是8∶1。延安环境比前方稳定，多数人喜欢成家，一有个成年女同志来到延安，就往往会和那些捷足先登的男同志结婚。我了解这一情况后就知道，要找别的保姆是太难了。效黎决定先去询问曾替我们背过爱丽佳的龙古先生，看他是否愿意帮忙照顾孩子。起先他坚决地说，对于孩子的事他一无所知，但最后还是同意试试了。后来事实证明，他是一个优秀的看护孩子的人，渐渐地他变得非常喜爱爱丽佳，爱丽佳也极喜爱他。

龙古先生是一位老红军战士，在长征的时候曾经在毛泽东主席和夫人贺子珍女士的那一组，他是这一组的手摇马达负责人。经过长征锻炼的人，绝大多数都在部队中做了高级干部。我们问龙古，为什么他没有升上去。他很爽快地解释说，他只愿安分守己地工作，生活有保障就行，他不愿意也不喜欢负责任。有好几次上级要提升他做班长，但他总是犯点小错误，以便重新回到电台做手摇马达的工作。

龙古带着林迈可的
两个孩子（1944 年）

效黎在纺线（1944 年）

林迈可一家在延安（1944年）

　　我们到延安的第二天，朱德将军就来看望我们，他是由黄华先生陪同来的。黄华曾是燕京大学"一二·九"学生抗日运动的组织者。

　　到延安后不久，金处长告诉我们说，毛泽东主席将在杨家岭接见我们，并请我们去参加那晚在杨家岭举行的中共中央委

效黎带孩子在延安窑洞前（1944 年）

员会的晚宴。当时从前方到延安来的党中央高级领导人，大多数都住在杨家岭。

交际处离杨家岭只有一二里路，我们乘着大卡车（这是在前方连做梦都不可能想象到的事）穿过城里那一段满目疮痍的废墟——这是 1938 年侵华日军轰炸留下的残暴遗迹。我们一进杨家岭的大院门，迎面就看见了一座宏伟的楼厅，那是杨家岭的大礼堂。从礼堂的右边望过去，我们看到一层层由下而上的窑洞，在夕阳残照中，看起来像一座古堡的一翼。车停后，我们走上一段陡坡，很快就到了周恩来副主席的住处。在这里我们第一次见到周恩来夫人邓颖超女士，她是中国共产党最出名的妇女界领袖之一，和党里所有的老干部一样，多年来生活颠沛流离、工作繁忙，这使她的健康受到损害，但她仍毫不怠倦地工作着。毛泽东主席在周恩来夫妇背后，圆圆的脸，一对犀利的眼睛，还有那一头浓浓的黑发，和我们在前方常看见的画像很相像，使我们有些一见如故的感觉。他亲切地和我们紧紧地握手，对我们来延安的长途跋涉表示亲切的慰问，并特别问到了小爱丽佳的健康。他说延安的安定环境，会对她恢复健康有利。

毛泽东说一口湖南话，我听不太懂，但有效黎转说，也就不成问题了。他侃侃而谈，先问我到中国以前住在哪里，做过什么事情；然后说不管我从哪里来，或者出于什么原因来中国，对我参加八路军和中国人民的抗日斗争，他觉得很高兴。我告诉他，我能碰上和八路军一齐打日本，这是我的光荣。当我问他我应在延安做些什么工作时，他告诉我再多休息些日子，以后再谈工作的问题。随后，我们跟着毛主席进了大厅，立时掌声四起，我们也一齐鼓掌。和我们同桌的还有晋察冀的聂荣臻将军，又一次看到他真令人高兴。饭后，我们随着毛主席到了党校，听了他对党校全体师生的讲话。

由于无所事事我开始着急了，就向金先生提出，我想和别人讨论工作的事情。金处长转达了我的意见，于是我们被邀请去王家坪和朱德将军共进午餐，同桌的除朱德夫人康克清女士、叶剑英参谋长外，还有林彪师长及其夫人叶群女士。饭后我们观看了朱将军本人种的花园；延安正在开展大生产运动，每个人都试图变得更加自给自足。听说毛泽东已学会了纺线，而朱德则是一位优秀的种菜者。叶将军告诉我们，朱将军在延安种的莴苣是最好的，甚至比边区政府实验农场的还好。这一次，朱将军、叶将军和我详细地讨论了我的工作问题。不久，我被任命为第十八集团军通讯部的无线电通讯顾问（至今我仍然保留着由朱德签署的任命书）。

通讯部三局在离延安大约10英里①的一个小山谷中，他们的器材要比晋察冀的好得多。三局的安全环境是从前方回来的我的老友钟夫翔、江文等所极羡慕的。这里的发电机是由几台旧汽车的发动机拖动的，靠由木炭制成发生炉煤气运转。以三局仅有的材料，我计算出发电机的功率，检查了可用的发报机真空管。我觉得我们很有把握用三局现有的材料建立一台大约六百瓦的发报机；如果我们再建立一根灵敏度高的定向天线，这台发报机就足以向美国发报。幸运的是我在晋察冀曾经找到一本德曼的《无线电工程》，还曾把其中的一些公式抄了下来，有了这些公式，就可以设计一个"V"形天线或菱形天线了。

延安的领导者们对我的建议曾是抱有疑问的，因为通讯部早告诉过这些领导人，该部的物资有限，他们没有能力制造一台可以和国外联系的发报机。但是这些领导人还是同意我来试一试。

发报机的建造进行得很顺利，三局的技术人员钟夫翔、江

---

① 约16.1公里。

文等都插手帮忙。但是在天线方面我遇到了一些麻烦。通讯部的一位姓殷的技术人员查看了一张默卡陀的投影世界地图，说旧金山几乎在延安的正东方，所以天线应该面向山谷。我设法找来一本有关球面三角学的书，计算出来的旧金山所在方位是在延安的东北偏北一点儿，这样天线就应该面向山谷的另一边。在争论中我坚持我的看法，最后大家同意把发报机设在一个小山顶上，一个巨大的"V"形天线正好面向山谷的另一边。我还借到过一个经纬仪，并在一个夜晚跑到发报台去，把它的北方对准北极星的方向。而第二天的早晨，则能够用它校准天线其他各端标杆的位置。8月份，当我们开始发射无线电信号时，这些信号可以在旧金山接收到，而向相反方向发射的信号，则可以在印度接收到。

我们的发报机一投入使用，我便被分配到新华社英语部做顾问。我的两位同事是沈剑图和陈杰先生。我们的办公室就设在延安的一个窑洞里。我们工作的工具是两台旧的德文打字机，字母"Z"和"Y"的键和普通英文打字机的键位置相反。我们每天上午就能看到延安的报纸，并决定哪些内容应译为英文，有时我们还请教博古先生，他当时是新华社社长。我们的译稿必须在下午四时以前完成，由通讯兵送到通讯部。在处理英文译稿时，我必须做许多编辑工作。我有一种很强烈的见解，认为那种对敌方滥用辱骂语言的不良习惯，在国际公众舆论中只会产生反作用。我认为更有效地与国民党辩论的方法，应该是陈述观点，指出事实根据。博古先生赞同我的这种做法。

延安的物质条件和前方相比要好得多，但这里的组织机构和晋察冀前方相比，其工作效率和节奏却显得稍慢。之所以会出现这种差别，我考虑一个原因是，前方是游击战斗区，在缺乏外部供给给养的条件下，一切全靠自己想办法，靠和人民配合来打击敌人，所以迅速决策和行动是第一要务。我想另一原因可能是，在延安的党的中枢组织必须精心地按部就班地把行政工作做到尽善尽美。还有一点是涉及党内的纪律，党员有限制批评那些似乎是党已经表决过的决议的责任，尽管事实上党的领导人是乐于接受意见的。

举个例子。我们初到延安时，那里还没有标准时间。有些单位使用中国东部的华东标准时间，有些单位则用华中时间，而延安地方政府则在他们的院子里安上一个日晷，时间是以太阳移动而决定的。这样多的不同标准时间当然会引起混乱。几个月后，中央委员会在《解放日报》上发布布告，规定延安标准时间一律以日晷为准，理由是这样做最接近群众（因为当地的农民不需要很准确的时间，日晷即使误差一小时左右，对他们也不算太重要）。人们私下都在抱怨中央委员会的这一决定无法实行，因为凡是要和外界其他地区联系的电台，要使用中国其他地区电台站的时间表，而用日晷与其他地区的标准时间的时差不能保持不变。但是，由于这一决定是中央委员会作出的，无人公开提出异议。我因不是党员不受这种限制，于是写了一封信给毛泽东主席，指出就我所知，现今社会已经实行标准时区的办法，而唯一曾使用地方时间的人，是从前在山西实行太原时间的阎锡山先生，共产党当然不会愿意效法一个军阀，接着我又说明了使用日晷带来的种种不便。结果毛泽东先生让他的一位秘书给在延安的各机构打电话，询问使用什么样的标准时间最好。过了几天《解放日报》登出了一条新通知，规定延安就使用其所处时区的时间，即中国中部标准时间。毛泽东先生并复信给我，感谢我提的意见。

还有一次，一批来访的记者参观了一所医务学校。他们发现，由于遵照自给自足的方针，学生们要花一半时间下地种田。当来访者参观后被问到有什么意见的时候，这些记者说，如果接受医务培训的是真正的人才，那么就应该分配足够的供给给医务学校，让学生集中精力学习才是合理的。显而易见，医务学校没有人敢提这样的意见。我在延安时写了一篇四五十页的长报告，题目叫作《延安哪里有缺点》，这篇报告抄送给了好几位党的领导人。我个人的经验是，那时的延安真正实行了"知无不言，言无不尽；言者无罪，闻者足戒"。

我们抵达延安以后不久，由中共重庆办事处转来了我双亲的来信，这是自1941年以来我所收到的第一封家书。不久以后，共产党根据地的孤立状态由于一个中外记者团的到来而被打破。重庆国民政府自1938年放行了一批自愿来延安的抗日文艺界人士及知识分子后，一直对延安实行经济和情报封锁，这样国民党就可以任意地诬蔑共产党领导的抗日战争。但是最后国民党的封锁政策保持不住了，因为外国，尤其是美国，向国民党施加压力，要它对延安开放。这可能是被共产党领导的军队从敌区掩护救出并通过根据地到重庆的外国人起的作用。他们使外国有关政府知晓了在敌后存在抗日民主根据地，有强大的抗日队伍。每当有从晋察冀经延安到西安的美国、法国、荷兰、瑞典人离开时，我都请他们带了我对边区的概况的报告，请他们发送给合适的报社、政府机关或任何对抗日民主根据地有兴趣的人。

中外记者团来前的两星期，大家忙得不亦乐乎，除安排足够的沙发、椅凳外，还在客厅挂出了孙中山先生和蒋介石先生的全副官服肖像。我奉召到朱德总司令部，人们问我应该怎样给记者团的记者提供新闻材料。我说司令部应该好好提供一些有关军事局势的消息。我举了例子来介绍我在英国使馆做新闻参赞时的经验：那时虽然可以经常看到八路军地区拍发的报道，但那些消息都是零星片段的。我说我们应该好好地绘张地图，使人一看就能对战争局势的发展一目了然。我也直言不讳地说道，延安不妨学习晋察冀司令部唐延杰参谋长的每月战况汇报，提供一些参考资料，这些参考资料把事实分析得很清楚，一看就知道真相如何。这些意见我也和周恩来副主席讨论了。

万事皆备，只等记者团的来临。忽然，国民党在山西西南的阎锡山方面来电报说，记者团要去他的地区逗留几天，后来记者团来时，还是由阎锡山方面的徐士琪和赵宗复二位先生伴送而来的。赵是山西省主席赵戴文的儿子，徐是阎锡山大太太的侄子，他们二人被安排住在和我们及胡仁奎先生住的同一组窑洞中。

　　记者团终于来了。当晚在交际处为他们举行了盛大的宴会，周恩来、朱德、叶剑英等领导人参加了欢迎会，宾主尽兴而散。

　　在这些记者中，有几个外国记者我在重庆做新闻参赞时认得，如斯坦因（Gunthan Stein）、武韬（Valtaw）及天主教报山那汗神父（Faths Shanaha）等，中国记者中我和魏景蒙先生比较熟。

　　记者团住了约两个多星期，那段时间，我们也跟着他们到处跑，参加了很多为他们而设的宴会。延安是毫无保留地打开了各机关的大门，尽量让他们自己去选择要去的部门。他们提出要采访的人，也给他们安排访问。两星期之后，有些外国记者要到山西西北部的前线地区采访，延安为他们做了安排。中国记者则准备回重庆，有的人虽想多留一些时间，可是他们不敢太冒险，在和效黎谈话的言辞之间，他们暗示自己得和大家一致行动，他们怕上头怀疑他们不够反共，思想有问题。最有意思的是他们在来延安之前，重庆国民政府宣传部曾警告过他们，不要对延安存太多的幻想，恐怕好多从前去的文化人也都不敢自由地见他们，也许有的人已经被共产党"迫害"了。他们经过西安时到过胡宗南将军的司令部，胡的官方人员更具体地告诉这些将去陕甘宁边区采访的新闻记者说，延安周围"种植鸦片"，共产党"从1939年以后就没和日本人打过仗"，等等。还给了他们一张"被处死"的人的名单（我知道其中一人在晋察冀工作）。

　　因为这些记者是抱着如此错误的先入之见来到延安的，所

武韬、爱泼斯坦等外国记者和柯柏年、唐亮等翻译组人员（1945 年）

延安交际处、翻译组和机组人员（1945 年）

以在他们无拘束地访问了延安各地方后，他们所得到的印象却
是加倍地好。尽管如此，在他们回到重庆后不久，各报纸登出
了有些记者的报道，说看见在延安边沿地区"种植有罂粟"。接
着就有外国记者登报声明，说这完全是胡说造谣，他们根本没
有看到一棵罂粟，连《中央日报》的外国顾问武韬也在这份声
明上签了名。至于为什么后方的报纸要登这些自欺欺人的新闻，
猜想可能是底下人要向上边交差，不得不如此。

中外记者团的领队是国民政府的立法委员谢保樵先生，当
我们大家坐在敞篷汽车后面出发时，他和效黎坐在司机驾驶室
内。他问效黎，为什么我不到重庆去参加那里的通讯工作呢？
效黎直截了当地说，这里一切供应都很艰难，连人手也来得不
易，我在这里是很有用的。再说即使我们要去，也过不了西安
胡宗南将军那一关。我们知道以前路过西安的外国人，都有一
段极不愉快的经历，唯一的罪过是他们曾经经过共产党的抗日
民主根据地。

阎锡山将军部下的那两位官员徐先生和赵先生留下多住了
十几天，他们要多看看延安各方面的发展。有一天，他们参观
了前线用的随身携带的收发报无线电设备，这使他们大感惊奇，
当听说这是我一手设计的，更对我赞不绝口。他们说阎将军有
的是好的物质条件，可是没有像我这样的人为他们领导设计。
随后他们请我们11月去拜访阎将军的克难坡。我说，对这个问
题我得先和朱德将军或叶剑英将军谈谈才行。朱将军直截了当
地说他不太信任阎，要是阎锡山方面有正式公函来要求借用我

时，他会视当时情形做出最妥当的安排。好在这件事以后没有付诸实行，大家省了许多事。

1944年，延安遭到了比往年更严重的干旱，春耕前后，那农家视如生命的春雨一直没有降临，眼看周围的农作物无法正常生长了，于是中共中央号召各组织、各团体尽可能地多组织人参加农业生产，以及更多地开扩耕地面积。交际处也不例外，在这种非常情况下，我们同意把花园改为菜园。现在，负责照顾爱丽佳的龙古先生可以大显身手了，他在被迫逃出国民党统治地区以前就是个庄稼汉，他勤快地打水浇灌，所以他种的墨西哥甜玉米、烟草等，即使和农场种的相比也是出色的。这些种菜活动给爱丽佳增加了许多乐趣，她紧紧跟着龙古，仔细地观察着一切，以至于她要我们和她在一起的时间也减少了。

7月到来，天天都有大太阳，交际处的人们一闲下来，就汲水灌溉自己负责种的东西。因为有这么一个干旱的经历，到秋收时，延安周围出现了几个了不起的劳动英雄。

7月中旬，大家心里记挂的不是旱灾，而是另一件出乎意料的大事：一个美军观察组要到延安访问。消息一传开，延安突然呈现出一种说不出的既紧张又活跃的气氛。

我几次被召到王家坪，和朱德将军、叶剑英将军讨论如何筹备迎接这一重要的美军观察组。抗日战争对中美人民是一样的重要，如果两边合力迎敌，战争胜利无疑会早些到来。

交际处上上下下都忙碌起来，新来的客人将要在交际处下榻。我们又被邀到外语研究中心去，讨论急速成立英文学校的事。那时，延安只有俄文和法文学校。一个星期后，英文学校开办了，主要的教学老师为朱宗芷和效黎。浦焕人是英文翻译的主要组织负责人，我和效黎都参加了翻译队伍。为了更方便地帮助来客，唐亮、柯柏年、陈家康等翻译人员也搬到交际处来住了。

不久，40多名来自各单位的学生到了学校，他们以前都已有一定的英文底子。学校设在一条山沟的几间窑洞中，这些窑洞有好久没有人用了。山谷里也长满了密密麻麻的草和夹杂着荆棘的矮树林。但是三天以后，这些窑洞都被清理出来了，并且从山谷到教室，可由一条清幽的小道迂回而上。由于学生们的通力合作，英文学校在极短的时间内就开课了。

7月25日那天，美军观察组的军官乘飞机抵达延安，飞机降落时，机场里挤满了欢迎他们的各机关的工作人员。周恩来、朱德、叶剑英等高级领导人都在那儿接机。大家乘车回到交际处，午饭后，坐在会客室里聊天，听听外头最近的消息。当天晚上王家坪朱德总司令部安排了欢迎会、晚宴及舞会。毛泽东主席和他的夫人江青女士是从晚宴时就在场的。舞会到深夜才散，那些美国人看来也极轻松，事后他们告诉我们，经过第一天的亲身体验，他们来此以前的种种疑虑已完全烟消云散。

在此期间，我和美国人一道忙于设计一个通讯网络，以便把他们希望得到的前线地区的天气情报从延安传回去。他们答

延安，1944年5月—1945年11月 | 199

应为前线地区电台基地的一个电台站提供器材设备，这些设备除主要为美国提供气象报告外，空余的时间由我们使用。他们要求我们，在他们的设备送来以前，先在我们的电台上处理他们的通讯业务。这个要求看来是合理的，虽然我们的绝大部分电台都是非常忙的，我们还是同意了这样做。我们看到的比较好的唯一现成的美国电台，是那种由美国战略情报局设计、供欧洲被占领地区地下工作者使用的电台，但是甚至连这些电台也不能用手摇发电机供电，电源要来自用吉普车装载的发电机（这在敌后游击区是无法做到的，因为我们游击区是山地，没有任何车辆可以载运），或者电网，因此它也不是很便利。我们要求美国人供给一个人能背动的手摇发电机和电池，以及一些设备和器材，以便我们顺利地制造我们真正合用的电台。

5月底，美国人给延安送来了两飞机的无线电设备，但是这些电台的类型，都是我们曾经向他们指出过的那些几乎不能用的类型，因为这种类型的电台分量太重，而且频率范围有限。他们甚至不肯提供许多只需花一点点钱的有用的元件。我想留下手摇发电机，而把其他的东西都归还给美国人。但是，通讯部门的负责人是在设备总是不足的情况下工作的，他舍不得放弃那些几乎没用的设备。结果，当我抱怨那些送来的设备都是无用之物时，美国人则回答说："那么，那时你们为什么要接受它们呢？"

美军观察组最初的领导人是陆军上校大卫·包瑞德（David Barrett），他了解中国并能讲一口流利的中国话。后来他被帕特

延安庆祝抗战胜利大会（1945年）

延安庆祝抗战胜利大会（1945年）

里克·赫尔利将军（Patrick Hurley）撤回，离开了美军观察组。接替他的是一位陆军上校彼得金（Peterkin），这位上校对中国知道得很少，且不会讲中国话。在不断恶化的形势下，一些官员开始酗酒。两位美国战略情报局的官员创造了一个纪录，他们在 5 天的时间里喝完了 27 瓶虎骨药酒。

到了 1945 年 5 月，美国人认识到他们已经几乎完全失去了和共产党人的联系，于是派一位非常有能力的陆军上校叶腾（Ivan Yeaton）前来延安做美军观察组的新领导，他设法在双边关系上作一些改善，但收效至微，因为他无法取消赫尔利将军的基本反共政策。

我们的第二个孩子詹姆斯（James）于 1945 年 1 月底在白求恩国际医院出生。当效黎从医院回来时，因为中共与美国之间的关系恶化，翻译学校已经停办了。这样，她就开始教中文，学员是一些在观察组已无事可做的美国士官。

过了一个月左右，许多党的领导人从各共产党抗日民主根据地来到延安，准备参加党的第七次全国代表大会。我们又见到了许多晋察冀的老朋友。由于战事进展顺利，大家情绪乐观。新闻机构监听着好几家外国电台的广播，通过越来越反常的德国广播，我们已经看到它们的末日不远了。在华北，日本人正在收缩到铁路线附近一带，共产党领导的军队正着手攻打甚至是华北平原上最大的城市。

党的代表大会的进程完全保密，但是有些重要讲话则予以发表。共产党在这时的路线是谋求成立联合政府，并向中国人民保证给予公民自由和言论出版自由。

日本人的投降带来了几天的喜庆，但是这种欢乐气氛很快就被对于内战的恐惧心理所压抑。起初，日本人开始撤回其主要基地，共产党在华北的接管却遇到了曾为日本人服务、现在又自称归属国民政府的伪军的抵抗，但是他们无法顶住共产党领导的军队的进军。大约一星期以后，国民党及美国军部命令日本侵略军重新作战。

8月底，赫尔利将军邀请毛泽东主席到重庆去和国民党谈判。对于是否接受这个邀请有些不同意见，当时也有人向我征求意见。我本着一贯的朋友间直言不讳的态度，说出了我的意见。我说的大意是，毛泽东先生如果到重庆去，他可以坚持强硬立场，没有什么可丢掉的。但是如果根本拒绝和国民党在重庆对话，那么在海外很可能会有不利的舆论。

赫尔利将军来到延安，为毛泽东先生去重庆保驾，我有机会和他谈了约两小时的话。我发觉赫尔利很鄙视中国人。他下断语说，中国人是毫无希望的，必须有一个强有力的人物来统治才行。他问我是否同意他的看法。他还表现出对美国使馆里了解中国情况的专家的判断不屑一顾。最叫我惊奇的是他竟毫不怀疑地接受国民党宣传部所制造的对共产党的所有诬蔑指责。

国共谈判一直进行到10月初。这一谈判给内战披上了一层平静的色彩。人民希望国共两党之间能和平解决合作问题，并

能成立联合政府。但是同时他们也相信，如果内战爆发，就是
再打10年，共产党最后也会赢得胜利。他们这样相信的根据是，
以前国民政府搞得精疲力竭才打垮了苏维埃政府，而和30年代
初比较，现在共产党的力量强大得多了。还有，日本强大的配
备优良的侵略军队，在华北做了那么多努力也未能消灭共产党
的力量，而当日本人对付国民军队时，只要做出一些努力就可
大获全胜。

谈判结果是发表了一个《双十协定》。这个"协定"仅仅是
记录了在几乎各个实际问题上达成的协议而已。十天之后，当
国民军队试图从郑州沿平汉铁路进军石家庄时，一场恶战就开
始了。周恩来先生认为国民党的这一行动表明了其进行战争的
野心。他告诉我们，除了已发表的协议外，共产党人还说过，
他们不反对国民政府占领日本人曾经实际控制过的地区，但是
如果他们的军队想占领共产党军队打败侵华日军所获得的管辖
地区，那就只好抵抗。

赫尔利将军破坏了延安和美国的友谊及合作的发展。当蒋
介石先生要求罗斯福总统派一位总统特使时，赫尔利被派往中
国，后来他当了驻华大使。他取道莫斯科赴华，赫尔利一到重
庆，就表现出对中国的全然无知，谈到蒋介石时总是说"石大
元帅"而不是"蒋大元帅"。

赫尔利带着经与国民党代表商讨后制定的解决国共两党争
端的建议，于1944年11月7日来到延安。在11月8日的讨论中，

共产党反驳了这些建议，认为需要整编的应该是国民党的军队
而不是共产党的军队。在以后的讨论中谈到另一些建议。赫尔
利说他愿意提一些建议供第二天讨论，并在建议中加入了林肯
总统①的葛底斯堡演说中及《大西洋宪章》②中的有关"民有，民
治，民享"的某些段落。这些建议几乎满足了共产党的所有要
求，即成立拥有最高指挥权的联合政府，把美国的援助平分给
所有与日本人作战的部队，等等。毛泽东先生在建议书上签了
字，赫尔利将军也签了字。赫尔利说，他虽然不能保证美国政
府能完全同意，但是他为表示他个人对这项建议书的支持而签
字。后来，他与周恩来先生一道返回重庆。

当蒋介石先生拒绝这些来自延安的建议时，赫尔利将军又
转而支持国民党提出的一系列建议，而所有这些建议则意味着
共产党人要完全服从于国民党。赫尔利相信他通过扣留美国给
共产党的所有供给和否决其所有的合作建议就能迫使共产党屈
服，而不管这种供给和合作会多么有利于抗日。他把自己在迫
使共产党屈服一事上的失败，归咎于同盟国其他外交使团搞背
后动作，以及美国官员不服从他和与他不合作。后来，他得出

① 林肯（Abraham Lincoln），1861—1865年美国总统，领导美国期间，发表
了有名的《解放黑奴宣言》，使北方取得了南北战争的胜利，废除了奴隶
制，促进了美国资本主义的发展。——译注
② 第二次世界大战期间美国总统罗斯福与英国首相丘吉尔于1941年8月14日在
大西洋纽芬兰海面进行会谈后发表的《联合宣言》。其中宣称：两国不追
求领土及其他方面的扩张；尊重各民族自由选择其政府形式的权利；赞同
摧毁德国纳粹暴政和解除侵略国武装等。此宣言有利于当时反法西斯联盟
的形成。——译注

的结论是：共产党人之所以不屈服，是他们指望苏联的支持。他之所以有这种观念，是因为接受了国民党的说法，那就是：共产党的力量是非常薄弱的，因为薄弱且害怕真相暴露，所以共产党才不同意让美国通过直接观察来估计其实力。赫尔利还要垄断向美国政府所作的有关国共关系的报告，他命令美国使馆的官员只向美国政府呈送有利于国民政府的报告，并要求美国政府召回所有和他有不同意见的美国使馆官员。这些官员都是比较了解国共关系的有经验的中国通，但赫尔利却认为他们是他无法忍受的绊脚石。赫尔利将军第二次来延安时，他和我交谈了约两小时。我毫无保留地告诉了他延安的真正立场，以及中共对和谈的诚意。他直截了当地对我说："美国使馆中我的下属和你说的一样，但我不相信他们。"

当周恩来先生在延安的一次会议上就谈判问题作报告时，他雄辩地问道："一个政府，其使节做出了保证并在协议上签了字，几周后又拒绝其承诺，这样的政府谁能相信呢？"这一批判是有充分道理的。

美军观察组的人告诉我（后来在美国国务院的白皮书[①]中也证实了）美国政府不讲信誉的其他一些事情。例如，美国曾拟定了和中共联合抗日的计划，其中有为共产党提供大量稀缺物

---

① 指美国国务院在1949年8月5日发表的题为《美国与中国的关系》的白皮书。正文共分八章，叙述从1844年美国强迫中国签订《望厦条约》以来直至1949年中国人民革命取得全国范围内基本胜利时的中美关系，特别是抗日战争末期至1949年美国实施扶蒋反共政策失败的经过。——译注

资的承诺，还有在前线基地修建几个飞机场供美军登陆，以及打败日本后帮助中共解除侵华日军武装，等等。但是后来美国对该计划的承诺都未付诸实施。

在我工作的领域，美国人仍想得到从前线战场来的情报，但他们又不提供其曾经许诺过的用于通讯系统的器材设备。后来延安方面发觉美方无诚意和中共合作，但也没有向美国提出应有的抗议。我曾试图说服叶剑英将军，就美国人食言而不提供通讯设备的事发一次最后通牒。比如说，除非美国人承诺的这些设备能在大约两周内送达，否则美国的通讯业务将被列为我们通讯网的最后一位。我的这一想法未被采纳。战后，当时曾在中国的美国人告诉我，如果发这样的最后通牒是会产生影响的。仅就美国空军而言，美国空军就会以不了解中国广大地区的天气情况而使飞行受到威胁为理由，坚持要求交送这些承诺过的设备，而不管赫尔利将军怎样反对。

可以探讨的一个更重要的事例是关于如何对待赫尔利将军。直到1945年11月赫尔利将军辞职以前，他总是向华盛顿报告说，他可以在中国的两派之间调停，并且在解决国共两党争端方面正取得进展。假使共产党将有关证据公之于众，说明赫尔利将军对其在1944年11月所签署的建议书自食其言，以及他反对实施那些本来能够对抗日战争产生极大推动作用的计划，并宣布鉴于赫尔利在主持公正方面已无法取得信任，共产党不再认可他参加国共谈判之间的调停，本来可使赫尔利制造虚假报告蒙骗华盛顿的情况暴露无遗的。赫尔利将军在国务院受到了很多重要人物反对，如果有了这些证据，这些人就很可能迫使赫尔利被撤换，而由一位不盲目亲国民党的大使取而代之。

魏德迈将军（Wedemeyer）曾提供了另一次未被利用的机会。1945年5月，他建议派遣美军联络人员进驻国共双方的司令部，以阻止日渐频繁的国共两军的摩擦。共产党对此建议未作答复。我曾对周恩来先生建议，最好的答复方法是原则上接受，但要坚持首先澄清国民党的哪些部队是抗日的，哪些部队是与侵华日军勾结反共的。如果魏德迈将军接受这一条件，共产党就可以拿出确凿的证据，证明很多国民党部队是与侵华日军合谋反共的。这样就可以使国民党中的极端反共派丢脸，并使不相信蒋介石先生会与日本人合作的赫尔利将军的声誉扫地。很久以后，我在美国问起魏德迈将军：如果当时共产党对其建议是这样答复时，他会怎样做？他回答说，他当然会接受共产党的条件。

最后，在马歇尔将军（Marshall）上任时，美国官方声明一再宣布，美军留在中国仅仅是为了保证侵华日军缴械和遣返战俘。事实上，国民党正在借助侵华日军反对共产党，而美国人对此未加任何制止。在1945年10月10日的《联合声明》中，国民政府虽承诺解散日本人统辖下的伪军，但实际上却将这些部队编入自己的军队，假使当马歇尔将军代表美国政府方面提议有关各方与日、伪军停火时，共产党完全可以以美国和国民党曾分别承诺解除侵华日军的武装、解散伪军为理由，给出期限，如果美国和国民党不履行各自的承诺，共产党就坚持对于未解除武装的侵华日军和伪军不予停火。鉴于1946年初美国公共舆论的情势，如果事实表明，是由于国民政府顽固利用侵华日军和伪军打击共产党，从而使和平解决中国问题的努力归于失败，那么，美国政府想要继续援助国民党是很困难的。我曾问过当时在美国参与制定政策的一些人，如果共产党人在侵华日军和伪军这一问题上坚持采取强硬态度，美国会做何反应。他们的答复是：若是那样就会迫使美国政府完全重新考虑其在华政策。

出于不同的原因，一些美国人没有把他们之间关于中国共产党的看法上的许多重大争论坚持下去。欧洲共产主义政党的行为使许多人怀疑中国共产党可能也是盲目地追随苏联的。高级官员们写的备忘录表示，他们认为共产党控制华北可能是和美国的利益截然对立的，因为这将是用一个由苏联控制的傀儡政权，来代替一个由日本控制的傀儡政权罢了。看来，唯一的一位坚持了合理主张的官员是戴维斯先生（John Paton Davies），他的意见不同于塞维斯先生（John Service），戴维斯认识到中国共产党和苏联之间的关系是一个极端重要的问题，他争辩说，中国共产党是否会采取像欧洲共产党人那样的方针，还是一个未知数。发现这一点对美国来说是非常重要的。

经重庆回英国，1945年11月

聂荣臻将军曾和我谈过，抗战胜利后我们再回到晋察冀，
去共同建设一个繁荣的张家口。张家口是共产党已解除了侵华
日军武装并管辖着的为数不多的几个大城市之一。如果能有一
个和平安宁的环境，这将是一件有趣的工作。

但看来，确实存在着内战危险，也许只有美国的压力能够
制止它，并最终达成一个进行谈判的协议。但早在1944年初西
安的那次谈判中，就显出了国共双方的根本分歧。

共产党坚持他们的47万军队的编制，这些部队曾有效地抗
击了侵华日军。但从1940年以来，这些部队没从国民政府那儿
得到任何供给。解放区是浴血抗战的杰出成果，解放区的地方
政府，遵循了孙中山先生的原则。而且他们要求国民党承认其
16个师的军队并提供给养，要求承认解放区政府作为抗战时期
的地方政府是合法的（由于某些原因，他们从未提到国民政府
承认晋察冀边区政府的先例）。

国民党则坚持只承认共产党对3个师有控制权（新四军在
1941年被官方"取缔"），他们擅自提出对10个共产党师要"集

中使用”，在邻近的国民党战区司令部的指挥下行动，超过这10个师的所有部队都要取缔；他们仅仅承认陕甘宁边区政府是合法的，而其他所有解放区政府都被认为是非法的，并将由国民党控制的省政府接收。如果按国民党的主张办，这将大大有利于国民党扩大其控制。

任何了解情形的人都是清楚的，国民党在侵华日军侵入后暗自打算放弃中国华北的大片地区，对侵华日军的扩大侵略不予抵抗；共产党的军队正是由于分散抗击作战才生存下来，如果“集中使用”，侵华日军就可以很快地消灭他们。国民党无力增派自己的军队到华北去取代共产党的力量，即使他们进入华北，也不会比早先在这个地区的国民党军队能更有效地抵抗侵华日军的进攻。国民党第二战区司令部甚至还和侵华日军勾结。在1945年日本宣布投降后，国民党竟依靠侵华日军的帮助扩大势力，他们派侵华日军在原地把守，直到美国空军把国民党军运到该地，才缴械投降。

以后，国民党发动内战，我们因为带着两个孩子，又不想卷入长期的中国内战，遂想离开中国。我觉得，不论在哪里，我作为一个外国人，都绝不会和我所敬爱的中国人民为敌。另一方面，我更感到要让中国以外的广大的世界知道在华北有敌后根据地，有一支共产党领导的军队及边区政府的存在，要让他们知道共产党已经控制了华北的大片地区，并在尽最大努力同广大人民一道建设战后的新中国。周恩来先生同意我的想法，认为这是一项重要的工作。

　　因此，我们决定回到英国。我们和毛泽东先生进行了一次长时间的告别谈话。毛泽东反复地谈到他的希望，中国人民要和平，共产党也要和平，他们领导的地区将是和平的基地。

　　我们乘美军观察组的飞机到了重庆。重庆从1940年以来一直在进行大规模的重建。不久我们就感到，那种在山沟里的生活条件比有现代化设备的重庆要方便。在延安，我们只有煤油灯，但是从油井打上来的油足够使用，而在重庆，虽说有电灯，然而电压低到只能使灯丝发一点黯淡的红光。延安没有自来水，但我们要给孩子洗澡，就有人帮着从井里打上水来，拿到厨房烧热，并倒在一个水桶里，送到我们的窑洞。重庆有洗澡卫生间，冷热水龙头俱全，然而却没有水流出来。

　　效黎见到了她在中国银行工作的哥哥非常高兴。我对英国使馆的一般印象很坏。这些在中国的外交官，根本不想对中国战时各地的情况产生兴趣，没有一个官员像前英国大使克拉克–卡尔那样希望了解共产党地区的情况。澳大利亚使馆肖代办（Pat Share）和加拿大大使奥德将军很感兴趣地接我们去，并渴望了解有关共产党地区形势的每一个细节，我们和他们进行了长时间的交谈。在英国使馆，只有负责军事情报的哈摩上校（Harmon）和一位以前是商人、现在担任了一个临时职务的人想知道共产党地区的实情。大使表现出满不在乎的样子，他为我们举行了一次正式晚宴，但他慎重地邀请了一位国民政府的官员参加。另一次，我们和卡特将军（Carton de Wiart）进行了一次简短的谈话，他是作为丘吉尔首相的私人代表被派到中国来的。我想我们的谈话他并没有经心，因为他在后来写的一本书中说：整个战争期间，共产党在中国西北占有一大片地区，好像中共只领导陕甘宁边区，对中共领导的别的广大的敌后抗日民主根据地毫未提及。

哈摩上校的经历也向我们表明，美国是多么想专断与中共的联系。美军观察组到达延安时，哈摩上校托包瑞德上校带给我一封信，说他很愿意来延安参观，并请我打听一下他是否会受到欢迎。我对聂荣臻将军讲了这件事，他说，他一定会受到欢迎。并补充说，如果美国人不愿传递他们在延安得到的这个口信，他将很乐意写一封信让我转交给哈摩上校。我在给哈摩上校的回信中讲了这个情况，并托包瑞德上校回重庆时带去。但让我疑惑的是哈摩是否收到了我给他的信，因为一直没有收到哈摩上校的进一步回答。这次在重庆，我们才得知，他根本没收到我的信。我询问在重庆的美国人，他们对此感到意外。哈摩上校曾几次要去延安，而这些美国人总是说，他们的飞机超载了，或是说没有空座位，可他们常常为美国记者留一两个空座位。最后，哈摩上校被召去见美国大使，发现英国大使西摩爵士和赫尔利将军都在。赫尔利将军一见面就说，听说哈摩上校违背了他的命令去了延安。而英国大使西摩先生也没问问赫尔利将军，他有什么权力在中国对一个英国军官下命令，而只是嘀咕一些含糊不清的东西。哈摩上校被迫解释说，他从来没去过延安。

我们在重庆待了大约十天时间，然后就乘飞机到了印度的加尔各答。我们担心，在这儿可能得耽搁几个月时间，因为战争刚结束，所有的飞机、船只都尽先供士兵回国用。而且我们只找到一个很不方便的小旅馆。刚好，我遇见了一位英文报社的编辑奥因先生（Oneen），他建议我去试着找一找一个叫"战俘和战场实习医生返回同盟国"的组织，我就去向这个组织解释，我们没有作过战俘，也不是实习医生，但是我们在处于侵华日军占领区的一个游击区里抗日，待了几乎两年半的时间，靠着这一条，他们收留了我们，把我们送到了一个古老的、前印度总督住过的宫殿。这个宫殿就在加尔各答动物园隔壁，是供夏天避暑的。这儿虽然拥挤，但还是舒适的。我们在这儿住了一个星期，就飞回英国。

我们乘飞机在巴基斯坦的卡拉奇、埃及的亚历山大、意大利的西西里岛作了三次夜晚停留以后，就到达了英国的靠海码头浦耳。我们在伦敦花了几个小时去会见我住在那里的两位姨母，当天晚上，我们到达了我父母居住的牛津。在火车上，我们的一些行李被偷走了，这就是我在战后英国的第一个经历。

林迈可全家回到英国（1945年）

YE BOOK

洞 见 人 和 时 代

官 方 微 博: @壹卷YeBook
官 方 豆 瓣: 壹卷YeBook
微信公众号: 壹卷YeBook
媒 体 联 系: yebook2019@163.com

壹卷工作室
微信公众号